# 配色共感マップ
## The sympathetic color scheme map
配色の基本5要素を組み合わせると、共感を呼ぶ配色が生れる

内田広由紀

## この本の使い方
謎に包まれた配色のしくみを解く1枚のマップをつくった。基本的な5要素を組み合わせたシンプルなシステムだ。
これを使えば、配色の謎があっさりと解けて、簡単に共感を呼ぶ配色がつくれる。
配色マップを通してみると、今まで気づかなかったことが発見できる。子供服やネクタイの色、自動車の色に託されたメッセージが浮かび上がってくる。

# CONTENTS

## 配色マップの仕組み

配色マップを使えば、
共感を呼ぶ配色が確実 ..... 4
配色マップとは ..... 8
配色が好印象を与えるしくみ ..... 10
配色マップの型　1.トーン16型　2.色相7型 ..... 12
3.学習色　4.背景色の有無
5.対比量　配色完成度

## 1 第1章 衣の配色マップ

ネクタイの色で大統領らしさを表す ..... 20
当選ポスターは共感度が高い ..... 22
野球は力強さ、サッカーはカジュアルさ ..... 26
ファッションは神秘性と日常性の共存 ..... 28
全相型が外出の気分によく似合う ..... 30
白色は爽やかな元気さを表す ..... 32
素直派とミスマッチ派の子供服 ..... 34
おもちゃの配色は
素直で自然なセオリー通り ..... 36
鮮やかな唇色で
行動的なテイストを表す ..... 38
コラム　U・C・Sでテイストを整理する ..... 40
Q&A・第1章を再確認する ..... 42

## 2 第2章 食の配色マップ

鮮やかな赤・黄・緑が料理の基本色 ..... 46
白いご飯をトッピングで華やかに ..... 48
トッピング4型で料理の性格を表す
1.中心に置く　2.縁どる ..... 50
3.散りばめる　4.脇に添える ..... 52
パーティーの華やかさを表すトッピング ..... 54
ケーキの優しい癒しと格調を表すトーン ..... 56
癒し型ケーキには同相型が似合う ..... 58
元気な開放感を
全相と純色で表す飲料広告 ..... 60
Q&A・第2章を再確認する ..... 62

# 3 第3章
## 住の配色マップ

| | |
|---|---|
| 色相の型で部屋らしさを表す・<br>リビング キッチン | 66 |
| 寝室 書斎 | 68 |
| 日本人は穏やかな明濁色のトーンを好む | 70 |
| 白色は建物をすっきりさせる | 72 |
| コラム 入りたい店、入りたくない店 | 74 |
| フラワーアレンジメント・<br>ソフトな優しさは明色で表す | 76 |
| 同相色が癒しを、反対色が華やかさを表す | 78 |
| 淡い花色を添え色で主役にする | 80 |
| 可憐な白い花を散りばめ色で主役にする | 82 |
| 色相型で幻想と華やかさを表す・観覧車 | 84 |
| コラム 2世紀を生き続けるモリスの配色法 | 86 |
| Q&A・第3章を再確認する | 88 |

| | |
|---|---|
| トーンで価格帯を表す・TVカタログ | 100 |
| 個人ユースと家族ユースを<br>色相型で表す・カタログ | 102 |
| トーンでパワーのタイプを表す・自動車 | 104 |
| ドライブの目的を色相型で表す・自動車 | 106 |
| 一瞬で商品のテイストを伝える・<br>テレビCM | 108 |
| 公共配色はシンプルで明快な<br>純色と白色 | 112 |
| Q&A・第4章を再確認する | 114 |

# 4 第4章
## 伝達の配色マップ

| | |
|---|---|
| 存続のかかったメジャー誌の表紙 | 92 |
| ビジネス性、趣味性を色相型で表す雑誌 | 94 |
| ドラマの性格を<br>配色型で表現する芝居パンフ | 96 |
| コラム 相反したテイストを両立させる<br>―配色の完成 | 98 |

## 配色の仕上げ

| | |
|---|---|
| 配色の手順 | 118 |
| 配色実験ケースワーク | 120 |
| 色価を整える―不要な高色価を下げる | 122 |
| 写真の色は配色の基本色 | 124 |
| 脇役群を色相型でクールダウンする | 126 |
| ＶＣＳビックスの仕組みと配色マップ | 132 |
| 配色マップとテイストの対応表 | 134 |
| 配色マップ見本 | 136 |

# 配色マップを使えば、共感を呼ぶ配色が確実

仕事のクルマにふさわしい配色はどれか、趣味のクルマは？

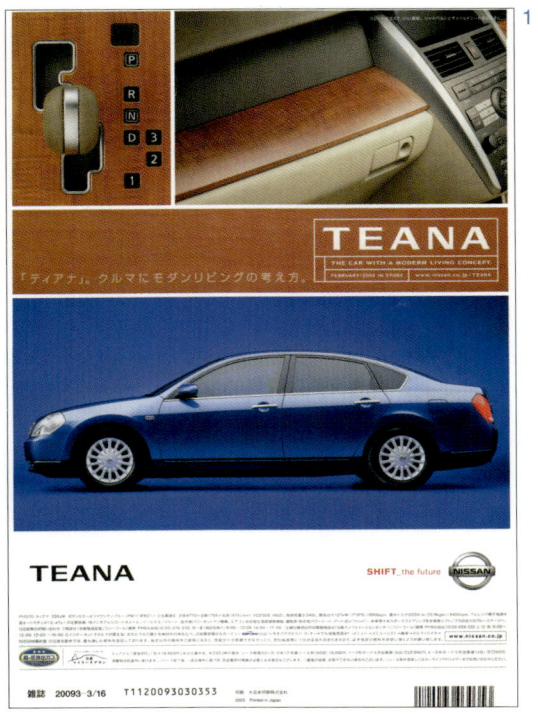

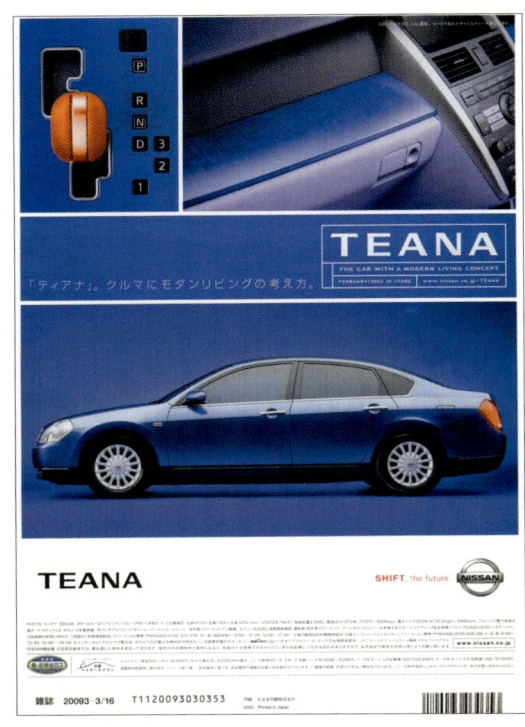

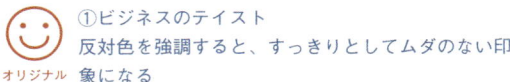

オリジナル

①ビジネスのテイスト
反対色を強調すると、すっきりとしてムダのない印象になる

説明図

②趣味のテイスト
反対色の面積を微量にすると、＜趣味的＞な印象になる

## 調査データ　海外旅行には落ちついて華やかな配色が共感を呼ぶ

若い女性層がもっとも好き、と答えた配色が①で、次が②だ。もっとも嫌われた④と⑤は男女どの層にも嫌われている。注目したいのは①と②の関係だ。一般的には元気な②の方が好まれるが、ここでは①が支持されている。若い女性層にとって、海外旅行は上品で穏やかなテイストの方に共感をもつからだ。

データ＝視覚デザイン研究所刊 Webデザイン好感度調査報告
グラフの見方、上から若い男性、30才以上の男性、若い女性、30才以上の女性

①

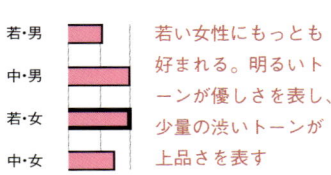

若い女性にもっとも好まれる。明るいトーンが優しさを表し、少量の渋いトーンが上品さを表す

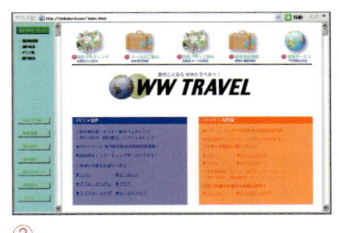

②

鮮やかな純色は元気さを表し、明色との組み合わせで爽やかさを表す

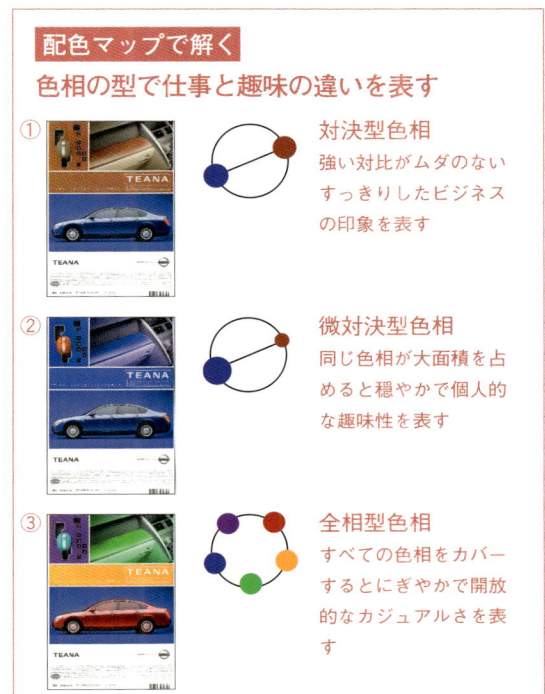

### 配色マップで解く
### 色相の型で仕事と趣味の違いを表す

① 対決型色相
強い対比がムダのない
すっきりしたビジネス
の印象を表す

② 微対決型色相
同じ色相が大面積を占
めると穏やかで個人的
な趣味性を表す

③ 全相型色相
すべての色相をカバー
するとにぎやかで開放
的なカジュアルさを表す

配色マップのくわしい説明はP.8〜

説明図

③カジュアルのテイスト
色々な色相を組み合わせると、にぎやかで開放的な印象になる

1「ティアナ」広告　E産　(ヨミウリウイークリー 2003年3月16日号 裏表紙掲載)

③

| | |
|---|---|
| 若・男 | |
| 中・男 | |
| 若・女 | |
| 中・女 | |

同系色が主体なので、華やかさがない。海外旅行らしい楽しさがないので、共感が減る

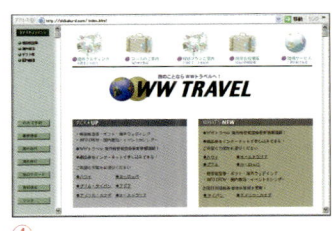

④

| | |
|---|---|
| 若・男 | |
| 中・男 | |
| 若・女 | |
| 中・女 | |

濁色は穏やかさやこだわり感を表す。海外旅行とはミスマッチで共感がわかない

⑤

| | |
|---|---|
| 若・男 | |
| 中・男 | |
| 若・女 | |
| 中・女 | |

暗色は重厚な威厳を表すので、海外旅行にはもっとも似合わない。共感がわかない

# 配色マップを使えば、共感を呼ぶ配色が確実

穏やかな癒し感のある配色はどれか、華やかな配色はどれか？

 説明図
①華やかなテイスト
赤や黄の花色に対し、花瓶の青色は反対色になる。反対色の組み合わせは対決感が強く、華やかさがより強調される

オリジナル
②癒し感の強い穏やかなテイスト
花瓶の色を花と同じ色相にすると、類似した色相だけの、対立のない穏やかなイメージになる

**調査データ** ふさわしい配色が好まれ、不似合いが嫌われる

若い女性がもっとも好む配色は①で、次に②、③とつづく。⑤はもっとも嫌われた。①は子猫の優しさと配色のテイスト表現がぴったり一致して共感が集まった。注目されるのは⑤の嫌われ方だ。若い女性は子猫の優しさが好きなので、反対のテイストには強く反発する。

①

②

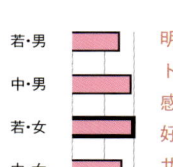

明るく、少し濁色のトーン。優しく癒し感があり、もっとも好かれた配色（標準サンプル）

上辺の小さな文字の青色をなくしたら、少しだけ若い女性の支持が減った

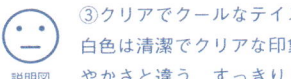

③クリアでクールなテイスト
白色は清潔でクリアな印象を与える。華やかさや穏やかさと違う、すっきりしたイメージが表れる

説明図

## 配色マップで解く
### 癒し感と華やかさは色相の型で表す

①

**対決色の型**
反対色の明るい青色が花の色を引きしめて、華やかで開放的

②

**類似色中心**
反対色の少ない、類似した色相だけなので、穏やかで癒し感がある

③
白色

**白色の効いた**
白色は清潔でクリアなイメージを表す。花の色がすっきりするが、少し寂しくなる

1 季刊ベストフラワーアレンジメント2003春号 P.93　(株)フォーシーズンズプレス　P:Shigeki Matsuoka　F:深野俊幸

③

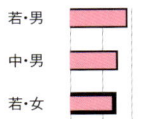

背景色を淡い青色にかえた。少しだけ好きな人が減った

④

写真を白黒にしたら、好きな人がかなり減った

⑤

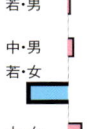

激しくドラマチックなテイストで、子猫らしい優しさがない。好きと答えた人はほとんどいない

# 配色マップとは

## イメージ言葉と配色型を直結させるとめざすテイストが表現される

配色の基本5要素をスケール化して、1枚の地図にしたものが配色マップだ。①トーン16型と②色相7型を組み合わせて基本型をつくり、これに、③学習型、④背景色の有無、⑤対比量を加えて配色マップができ上がる。

イメージを表す言葉と配色型を対応させる配色マップの各スケール（型）は特定のイメージを表している。例えば、①トーンの明色は優しさを表し、②色相型の全相型は開放感を表す。したがって、この2型を組み合わせると＜優しく開放的な＞イメージが表れる。また、ドラマチックさを表す11型のトーンと開放感を表す全相型を組み合わせれば、＜ドラマチックな開放感＞が表せる（下図）。

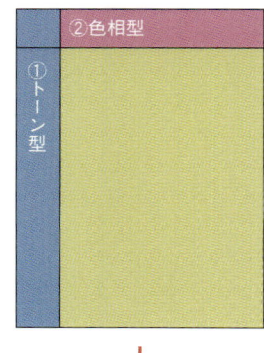

配色マップ

### 配色マップは5種類のスケール
1. トーン16型————純色・明色・濁色・暗色・白・黒など
2. 色相7型—————対決型・三角型・全相型・微全相など
3. 学習色—————寒色暖色など、共有しあっている色相
4. 背景色の有無———濃い背景色は内向的な気分を表す
5. 対比量—————対比が強いと力強いイメージになる

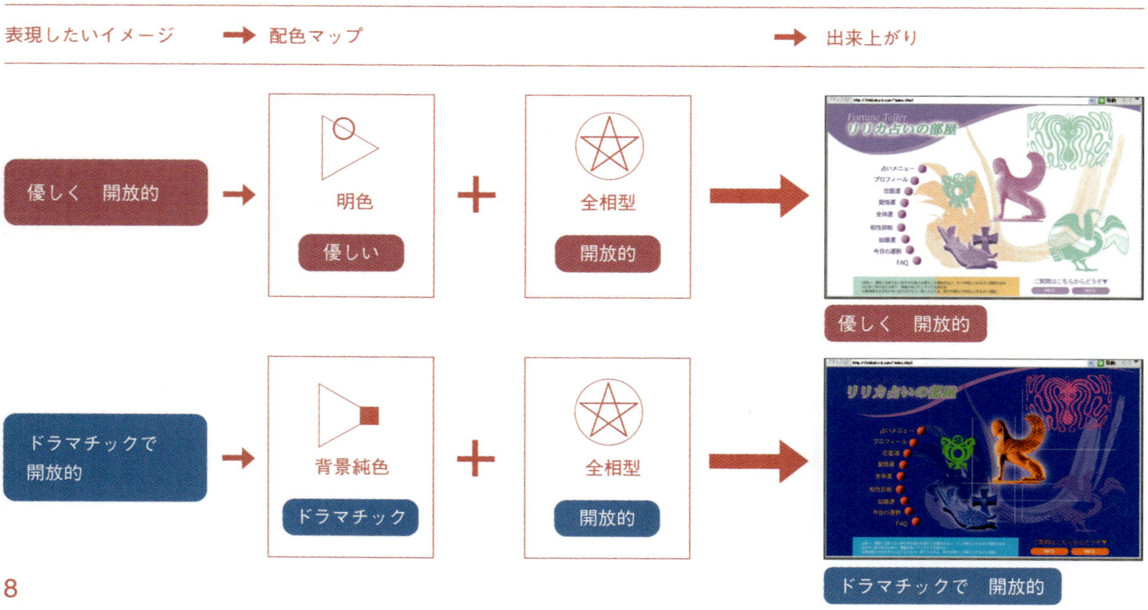

---

表現したいイメージ　➡　配色マップ　　　　　➡　出来上がり

優しく　開放的　→　明色（優しい）　＋　全相型（開放的）　➡　優しく　開放的

ドラマチックで開放的　→　背景純色（ドラマチック）　＋　全相型（開放的）　➡　ドラマチックで　開放的

## 配色マップでイメージを修正する

トーン型や色相型をかえるとイメージがかわる。左下の図①は3型のトーンなので爽やかさを表すが、図②では8型の暗色を含むトーンにかえたので＜格調＞がでてきた。（対応表はP.134）

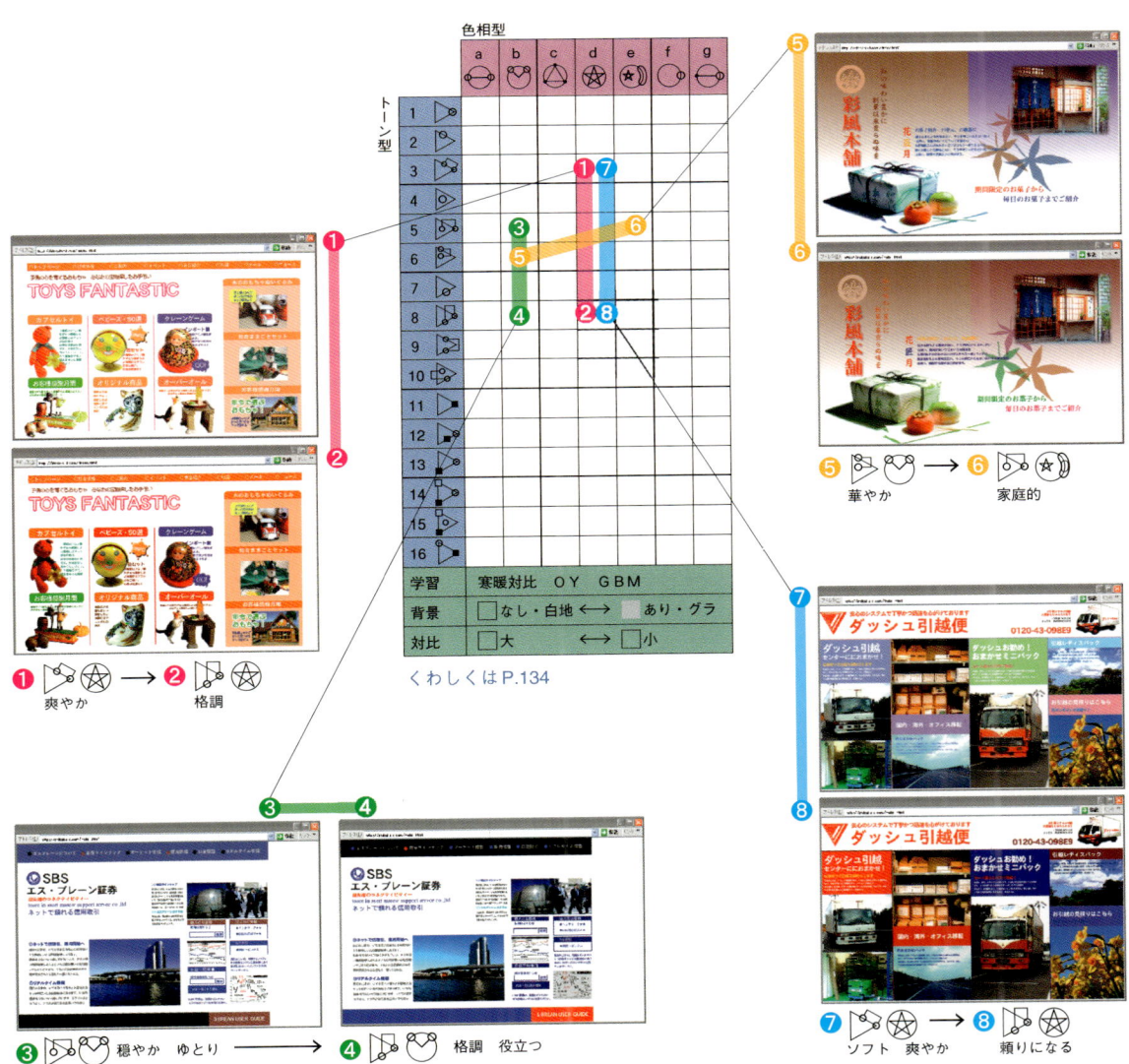

配色マップの仕組み　好印象のしくみ

# 配色が好印象になる仕組み

## 美しいだけでは好感をもたれない

３感が一致しないと好感されない。美しい配色が必ずしも好感をもたれるわけではない。下図の２組で見るように、同じ配色であっても、右図の和菓子店には好感をもつが左図はピンとこない。業種がわからないので共感が起きないからだ。共感が起きないと、とまどいが生じ、不信の気持ちが強まり、好感をもたれない。

好感の３条件
1 共感＝自分のイメージに似合っている、ふさわしい
2 歓迎感＝明るく元気な気分になる色がある
3 高品質＝配色が整って美しい。すっきりしている

## 共感を確実に得るのは難しい

３感のうち、信頼感や歓迎感は努力すれば確実に達成できる。これまで、共感だけはとらえどころ所がなく、どうしたら表現できるのか、勘と経験だけが頼りだった。しかし、この配色マップを使えば楽にコントロールできる。

本書の解説を読めば、その仕組みが理解できると思う。反対に、どんなに配色感覚にすぐれた専門家でも、マップの原則を無視しては、めざすテイストを表現できない。

 何の業種かわからない画面では、共感が起きない。むしろとまどいのほうが強くなる

 まったく同じ配色でも、商品がはっきり示されるとイメージが共有できて好感につながる

## 色彩の基本知識――トーン・明度と彩度

色立体に置きかえてみると色全体の性格がわかる。色は３つの性質＜明度、彩度、色相＞があり、これを３属性という。３属性の関係はみかんのような色立体にするとわかりやすい。

トーンとは明度と彩度を組み合わせた概念で球の中心から外へ行くほど彩度が高くなり、上ほど明るくなる。

みかんの形で色を立体化すると３属性がわかる

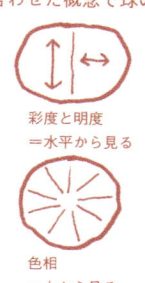
彩度と明度
＝水平から見る

色相
＝上から見る

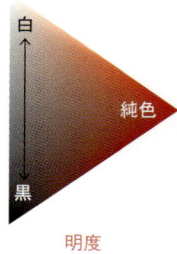
明度

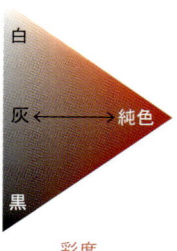
彩度

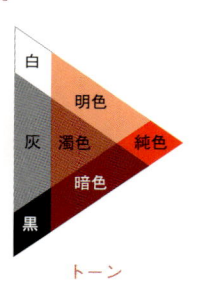
トーン

## 配色マップは5要素でできている

配色マップの要素はトーン型と色相型を中心とする、わずか5要素だけでできている。このうち、特にトーンと色相型が大切で、これを理解すれば自由にイメージをコントロールできる。

## 配色を整えると信頼感が上がる

配色マップから正しく選べれば、めざすテイストを表現できる。さらにその配色を整理してすっきりさせると完成度が高まる。整理された配色は美しく、見る人の気持ちに信頼感が生まれる。
配色を整理するには若干の専門的な訓練が必要である。色価を整えると主役がはっきりして、配色全体が整う(P.116参照)。 本編の配色マップをひと通り理解できたらぜひ読み進めて欲しい。

1 トーン型

2 色相型

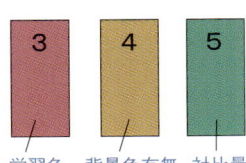
3 学習色　4 背景色有無　5 対比量

 タイトルでは水産会社であることがわかるが、写真が不自然でレイアウトも魚屋らしくない

 商品を大きくすると魚屋らしい気分が伝わってくる。まったく同じ配色であっても、これならば共感がわく

---

### 色彩の基本知識——色相

色立体を水平に切って上から見ると、下図のような関係になる。この色みの違いを色相といい、そのカギになるのが3原色だ。カラー印刷での3原色は紅、黄、シアン（青）をいい、光の3原色とはその中間にある赤、緑、青紫をいう。

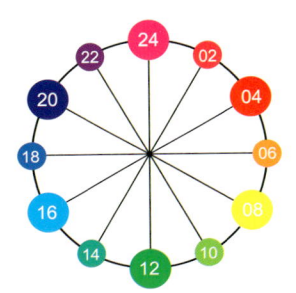

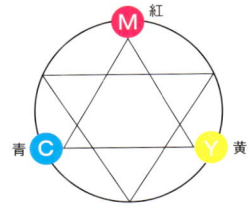

絵具の3原色　減算混合
カラー印刷や絵の具

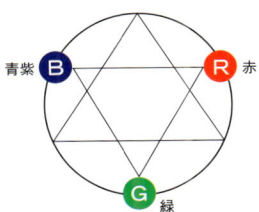

光の3原色　加算混合
モニターのディスプレイ

配色マップの仕組み　①トーン16型

# 配色マップ・5スケール
トーンの16型と、色相7型など、計5種類のスケー

## 1.トーン16型

トーン型はイメージの骨組みを決める最大の要素だ。すべての色は右図の基本7トーンのどこかに属し、各トーンのもつイメージ群に属している。この基本7トーンを2種類組み合わせたものがこれから紹介する複合16型である。

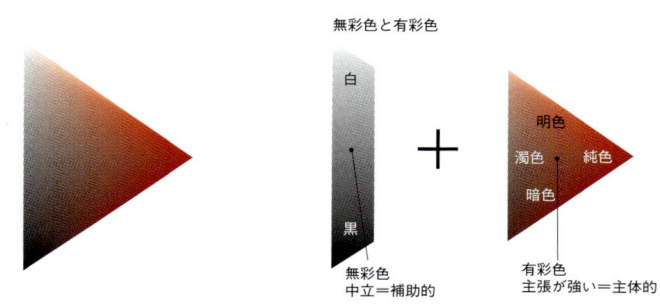

無彩色と有彩色
白／黒　無彩色 中立＝補助的
明色／濁色／純色／暗色　有彩色 主張が強い＝主体的

基本7トーン

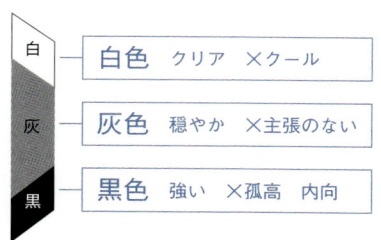

白色　クリア　×クール
灰色　穏やか　×主張のない
黒色　強い　×孤高　内向

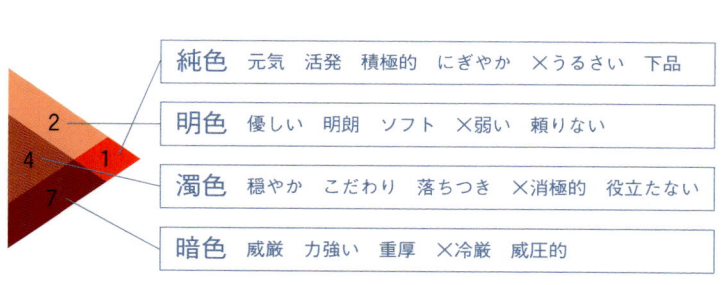

純色　元気　活発　積極的　にぎやか　×うるさい　下品
明色　優しい　明朗　ソフト　×弱い　頼りない
濁色　穏やか　こだわり　落ちつき　×消極的　役立たない
暗色　威厳　力強い　重厚　×冷厳　威圧的

---

### 純色＋明色のトーン──明朗　素直・こだわりのない・開放的・深みのない

**1 純色**
元気
活力　強い　積極的　情熱　にぎやか
×うるさい

**2 明色** 
優しい
ソフト　明るい
×弱々しい　・冷たい

**3 純色＋明色**
爽やか
洗練　理知　楽しい　こだわりない
明るい　×深みがない

ルでつくられている

## 濁色を含むトーン—穏やか　こだわり・かげり・趣味・役立たない・閉鎖的

### 4 濁色
こだわり
（落ちつき　渋い）
×消極的　・こだわり

### 5 濁色＋純色
大人
穏やかな活力　ゆとり
×消極的

### 6 濁色＋明色
ソフト
優しい落ちつき　都会的　上品
×弱々しい　・クール

## 暗色を含むトーン—威厳　重厚・伝統・励まし・役立つ・威圧・閉鎖

### 7 暗色
重威
（重厚な威厳　励まし）
×威圧

### 8 暗色＋純色
活威
活力ある威厳　励まし　豪華
×威圧

### 9 暗色＋明色
高級
格調ある華やかさ　都会的
×クール

13

配色マップの仕組み　②トーン16型・色相7型

# 配色マップの型

## 暗色を含むトーン

### 10 暗色＋濁色

穏威

穏やかな威厳　安定　上品
しっとり　×消極的

## トーンの割合によってイメージがかわる

鮮やかな純色は元気さを表し、淡いトーンの明色は優しさを表す。この2トーンを組み合わせると元気で優しい、爽やかなテイストになる。この時、純色を多くすると元気さのある爽やかさになり、明色を多くすると優しい爽やかさになる。

 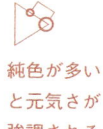 純色が多いと元気さが強調される　  明色が多いと優しさが強まる

## 濁色、暗色の単独は注意

濁色はこだわり、暗色は威厳を表す。単独で使うと、そのイメージが強すぎて、好まれない配色になりやすい。元気で開放感のある純色や優しい明色を組み合わせると、それぞれのよさが引き出せる。

  濁色を加えると穏やかさが加わる　  暗色を加えると格調が出てくる

16型をさらに細分化すると、より微妙なテイストが表現できる

## 背景全色面—劇的・幻想的・否日常

### 11 純色

透明

透明な異空間　詩的　ライブハウス
×くどい

### 12 暗色

重劇

重厚　劇的空間　励まし
×異形

### 13 黒

激劇

激しい劇的　劇的趣味
×最も異形

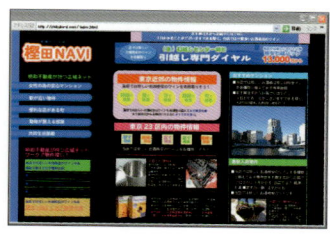

### B&W — 抑制・ムダのない・クリア・スリム

**14 白＋黒＋純色**
ビジネス
ムダのない活気　すっきり強い
×クリア

**15 白＋黒＋濁色**
和風
地味　こだわりの強い
×つまらない　・遊びがない

**16 純色＋白**
公共
シンプルな活気
×そっけない

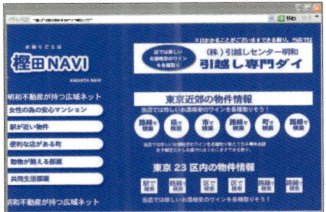

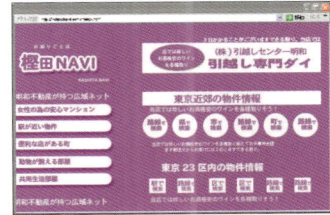

## 2. 色相7型

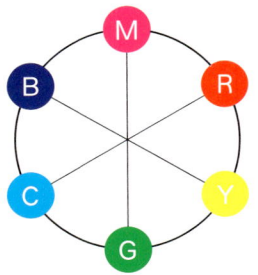

赤色、黄色、青色といった色相を円周上に配列すると、その色相が反対色か、近い色相かがひと目でわかる。

お互いの色相の近さや離れぐあいによってさまざまなイメージが生まれる。右図はその型を使いやすく、7型に区分けした。さらに7型の中間型や複合させた型もある。

### U・ユースフル　対決(外向・拘束)
強い・派手・人工的・クリア・役立つ・ムダのない　×シビア・厳しい

**a 対決型**
暖色と寒色の強い対決

**b 準対決型**
暖色と寒色の穏やかな対決

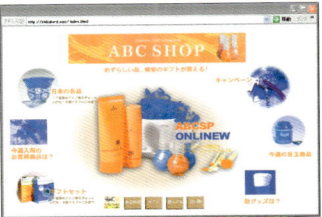

配色マップの仕組み　③学習色・背景色の有無・対比量

# 配色マップの型

| **C・カジュアル**　開放（外向・否拘束・無対決） |
| --- |
| 気軽・自由・自然・こだわらない　×主張・個性のない |

| c 三角型  | d 全相型  | e 微全相型  |
| --- | --- | --- |
| 離れた3色相 | すべての色相をカバーする | 同相類相に少しだけ全相を含む |

  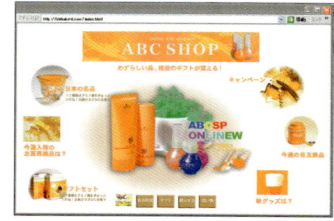

| **S・スピリット・癒し**　内向（拘束・無対決） |
| --- |
| 仲間だけの・安らぐ　×閉鎖的・排他的 |

| (f' 類似色相型)  | f 同相型  | g 微対決型  |
| --- | --- | --- |
| 寒色または暖色内で色相差のある | 同じ色相。またはf'を含む総称 | fに少量の対決色が加わる |

 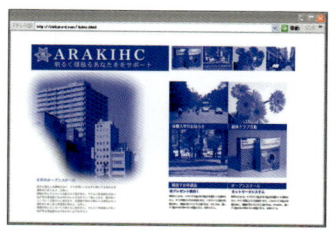 

## 3. 学習色

それぞれの色は特定のイメージと結びついている。例えば青色は冷静さを表すので理知的な業種によく似合う。これを暖かい赤色や黄色で表すと共感がおきない。私たちが無意識のうちに学習して常識としているメッセージだ。

理知的な業種には寒色がよく似合う

暖色で理系業種を表すと共感がわかない

食品には暖色がよく似合う

オレンジ色や黄色は陽気でおもちゃ屋によく似合う

緑色は自然の力を表し野菜のパワーを暗示する

## 4. 背景色の有無

白地の画面はクリアでムダのない実用性を表す。反対に、背景に色みを加えると濃淡に関わらず、癒し感が強まり、内向的、趣味的なイメージになる。

白色の背景はクリアで、しつこい色でもあっさり見せる

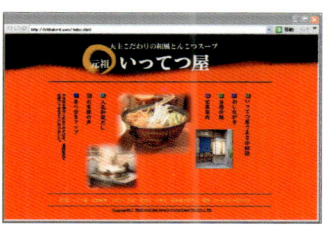
背景に色を塗るとそのテイストが全面を支配して内向化する

## 5. 対比量

明暗の差や鮮やかさの差を大きくすると、力強く元気でダイナミックになり、実用性が強まる。差を小さくすると優しく上品で、少し頼りなくなる。

強い対比は元気さ積極さを表し、役立つイメージがある

差を小さくすると上品になるが、役立つイメージは弱くなる

## 配色完成度

ここまでに紹介した5つのスケールを使って、目的どおりのテイストを表現したら、次は配色を整える。これで配色が完成する（P.116参照）。

メイン写真のこま犬が白色のため、色みが弱いので左右のバランスがとれず、落ちつきがない

鮮やかな朱色の建物にかえたらまとまりがでてきた。画面全体の中心となる核ができたので安定した

タイトルを弱めたので主役の鮮やかさが引き立てられた。これで配色が完成した

# 第1章
# 衣の配色マップ

## 人は衣をまとい、
## 自己の立場や志向を表現する

人は衣をまとうことによって、さまざまな表情を見せる。自然さをストレートに表しているのが子供服の配色であり、逆にもっとも複雑な要素をもつのがファッションの配色だ。一方、ユニホームや男性のスーツのように、機能表現を重視する配色がある。

## 子供服は年齢とともに
## 鮮やかなトーンに移る

生まれたての乳児には淡いトーンが似合う。淡い、明るいトーンは優しさを表し、対立のない安全で穏やかなテイストを表す。乳児がこのトーンで身を包むと見ている大人たちは心が安まる。一方、成長して活発になると、純色のトーンにかわる。子供に求められる元気さ、積極さが、純色のテイストと一致している。

1

2

3

子供服は年齢とともに鮮やかなトーンに移る

大人のファッションテイストが子供服にも入り込む

## 配色マップは5種類のスケール
1. トーン16型────純色・明色・濁色・暗色・白・黒など
2. 色相7型─────対決型・三角型・全相型・微全相など
3. 学習色──────寒色暖色など、共有しあっている色相
4. 背景色の有無──濃い背景色は内向的な気分を表す
5. 対比量──────対比が強いと力強いイメージになる

## 紹介した配色作品の出典
雑誌やカタログなど、私たちの身の回りにある優れた配色を紹介しました。これらはアートディレクター、デザイナー、スタイリスト、カメラマンなどの専門家によって、考え抜かれた配色です。カメラマンをはじめとするアーティストの皆様に感謝申し上げます。なお、商品名、会社名が一目瞭然である広告の出典は、省略させていただきました。
番号の付いているものがオリジナルの作品で、色違いで番号の付いていないものは編集室で改作したものです。

```
略称一覧
P：写真撮影              F：フラワーコーディネート
S：スタイリング          D：デザイン
H＆M：ヘアメイク・メイク  AD：アートディレクション
C：料理                  I：イラストレーション
```

## ファッションは異形性表現によって非日常性を表す
ファッションの配色には素直さと異形性の両面がある。セオリーどおりの素直なだけの配色では自然すぎて、神秘性が欠けるからだ。むしろ、ミスマッチともいえる色使いが女性をミステリアスに見せる。

## ユニホームは役割を表し、パブリックな共感を求める
ユニホームの配色は極めて論理的だ。着用する目的がはっきり決まっているので、配色には効果的で原則に忠実な選択が求められる。この章ではスーツとネクタイの関係、野球とサッカーのユニホームを通して解説している。

1～3後掲(P.34参照)　4～6後掲(P.38参照)

色価大────反対色や鮮やかな唇を強調する　　　　　　色価小────同系色や渋いトーンで控えめにする

4　　　　5　　　　　　　　　　　　　　　　　　　　　　6

メイクアップでは、色を鮮やかに強くすると外向性が強まり、弱めると内向的になる

第1章　衣の配色マップ　色相型の強弱で主役らしさを表す

# ネクタイの色で大統領らしさを表す

主役の色を強めると、主役らしく力強くなる。脇役を控えめにすると主役が引き立つ

スーツとネクタイの配色は、その人の立場や考え方を表す。下の写真ではブッシュ大統領とパウエル国務長官が並び、ネクタイの色は赤色と青色で対照的だ。大統領の赤色は積極的な強い意志を暗示している。一方、長官の青色は冷静沈着なテイストを表し、赤色を補佐する立場を暗示している。ネクタイの赤色はスーツの青みに対し、準対決色相であり、ムダのないビジネス性と力強い大統領らしさを表す。

## 赤色のネクタイが行動的なテイストを表す　強い配色で主役にふさわしい強さを表す

主役の大統領は赤いネクタイで、長官は青色。青色は冷静で補佐役であることを表し、主役と脇役の関係をはっきりさせている

穏やかな
国務長官

強い意志
大統領

訪問者の青いネクタイは赤いネクタイの主役を引き立てている

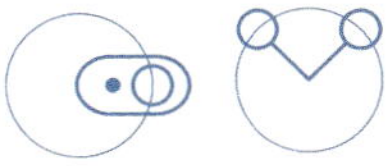

執務室での大統領は鮮やかな赤いネクタイで、仕事中であることを表す

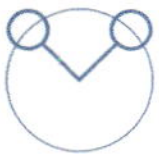

準対決型

同相型
穏やかな
オフの気分

一転して明るいスーツと爽やかなトーンのネクタイ。ビジネス性を弱めてフレンドリーでカジュアルな場面を表している

## 水戸黄門の日本的な中心性表現

国民的人気の水戸黄門の配色には、日本人の主役に対する志向が込められている。現代の日本人が求める主役は必ずしも圧倒的な力強さのタイプではない。むしろ穏やかで、カジュアルな隣人に共感を感じるようだ。

1

説明図：主役の配色を強めるとひと目で主役とわかる、しかし、日本人は強すぎる表現には共感しない

オリジナル：控えめで穏やかなほどよい強さの主役表現。偉大さではなく、隣人に近い同じ目線を感じ、共感する

### Column　政治家の配色から国民の主役像が見える

**日本**
強い赤色のネクタイは、日本ではむしろ少数派。
カジュアルで少し間延びした穏やかなテイストに共感する。

2　　　3　　　4

**イギリス**
強い伝統とカジュアルさが共存する。精緻な仕上げの暖炉とラフな部屋の様子とのミスマッチな組み合わせが興味深い。

5　　　6　　　7

**中国**
中国や韓国の政治家は赤いネクタイが多い。変革が進む中国では、ムダのない力強い行動が求められている。

8　　　9　　　10

**インド**
ここに登場する写真のメッセージ性は多様すぎて、一元的な視点では読みきれない。ストイックで抑制的な白色だけのシーンと、鮮やかな全相色が混在している。

11　　　12　　　13

左ページ http://www.whitehouse.gov/　1 水戸黄門 TBS　2〜4 http://www.kantei.go.jp/　5〜7 http://www.number-10.gov.uk/
8〜10 http://www.fmprc.gov.cn/chn/　11 http://presidentofindia.nic.in/　12・13 http://pmindia.nic.in/

第1章　衣の配色マップ　5種のスケールで政治家らしさを表す

# 当選ポスターは共感度が高い

共感度の高い配色が多くの共感者を集め、都市型の選挙の合否を決める

いわゆる浮動票の多い都市型選挙では、候補者との直接的なコンタクトが少ない。このため、ポスターが当選を左右する。選挙結果を見ると、配色の共感度と当落がぴったり一致していることに驚かされる。政治家に共感するテイストは、ビジネス性と若干のカジュアルさだ。役に立ち信頼でき、かつ親しみを感じる表現が共感を呼ぶ。

## Q1　東京都知事選挙のポスター

一人しか当選できない首長選の表現は、議員選と違い、テイスト表現がシビアだ。議員の場合は共感するテイスト幅が広いが、首長は右表のようにかなり制限がある。右に紹介する4点のポスターはレイアウトや写真に大きな欠点がないので、配色のテイストが決め手になる。

### 共感度の評価基準

UやCを損なうテイストは共感度のマイナス。各ポスターの配色とキーワードを突き合わせると共感度の高低がチェックできる
U（ビジネス性）──役立つ──×こだわり、趣味的
　　　　　　　└─頼りになる──×弱々しく頼りない
C（カジュアル性）──親しみやすい──×威圧的、冷たい

## Q2　杉並区議選挙のポスター

右のポスターを配色を含むデザイン全体で評価し、A＋B、C、D、Eの4段階に分けてみた。B以上には14点が該当したが、この中から何％が当選したか。
議員のテイスト表現はかなり自由だ。杉並区議の場合、48名が当選できるので、全員が同じテイスト表現をする必要がない。S（癒し）テイストはネックが大きい。癒しテイストが強すぎると閉鎖的で頼りなく、議員に求める要求とギャップが大きくなりすぎる。

## Q3　浦安市議選挙のポスター

議員のポスターは首長選挙と違い、U（ビジネス性）に力点を置かなくてよい。むしろ、カジュアルさの方が重要だ。Uが強すぎると威圧感という重大なミステイストになってしまう。議員は身近な存在なので、威厳よりも親しみやすさのほうが重要だ。議員歴を重ねた候補者は権威を重視し、U表現に傾きやすい。百害あって一利もないテイスト表現だ。

順不同

どの配色が首長にふさわしいイメージを表しているか　答えは P.24

A
B
C
D

第1章　衣の配色マップ　5種のスケールで政治家らしさを表す

# 共感度が高いほど得票が増える

## A1　東京都知事選挙のポスター

配色の共感度と得票数はぴったり一致していた。採点基準表にしたがって、UC度を採点すると共感度が点数で表示される。この点数と得票数が完全に一致していた。都市型選挙では、いかに視覚表現が重要かがわかる。

共感不一致の問題点（採点の説明）
B氏●明色中心＝優しく、少し頼りない　●ピンク色＝女性層限定、男性排除
C氏●濁色＝保守的で元気がない　●赤色と緑色＝もっとも嫌われるくどい組み合わせ
D氏●同相型＝内向的で閉鎖的　●黒色＝孤高、閉鎖的

配色の共感度と得票数

|  | 共感度 | 得票数 |
|---|---|---|
| A氏 | 95点 | 3,087,190票 |
| B氏 | 75点 | 817,146票 |
| C氏 | 65点 | 364,007票 |
| D氏 | 50点 | 109,091票 |

## A2　杉並区議選挙のポスター

新人の中でもきわめて高得票を得たのは田中朝子さんだ。明色の青色と純色の黄色は爽やかさを表すトーンであり、色相は対決型でムダのないビジネス性を表す。選挙の基本的なUCテイストが、この青と黄の2色ですっきりと表現できている。

目立つ配色は共感を集めない
ポスターや看板の配色で誤解されているのは、目立つことだ。目立つことが重要に思えるが、この結果を見るとポスターの決め手は＜共感＞である。

配色の共感度と得票数

| 共感度 | 該当者数―当選者数 | 当選者率 |
|---|---|---|
| B以上 | 14人-13人 | 93% |
| C | 29人-23人 | 78% |
| D | 16人-10人 | 63% |
| E | 5人-1人 | 20% |

## A3　浦安市議選挙のポスター

評価B以上で90％が当選
杉並区の場合もレベルB以上の場合は90％以上が当選し、一方、Eでは極めて厳しい当選率になる。この＜E＞は単に点数が低いのではない。Eを見た投票者は候補者の独りよがりで、周囲のアドバイスを聞かない様子を感じ取り、それがマイナスに働いた結果だ。

ノイズ表現が共感を消す
候補者の顔写真以外の画像はノイズ（雑音）だ。子供や建物などの写真は、U（ビジネス性）を損なうので信頼感が低くなる。ノイズ表現で当選するケースはごく少数だ。

配色の共感度と得票数

| 共感度 | 該当者数―当選者数 | 当選者率 |
|---|---|---|
| B以上 | 10人-9人 | 90% |
| C | 15人-9人 | 60% |
| D | 8人-3人 | 38% |
| E | 3人-0人 | 0% |

## 共感度 採点表

| | 配点 | 採点基準表──UCテイスト | | | | | | A氏 | B氏 | C氏 | D氏 |
|---|---|---|---|---|---|---|---|---|---|---|---|
| トーン型 | 30 | 30 | 25 | 20 | 15 | 10 | 0 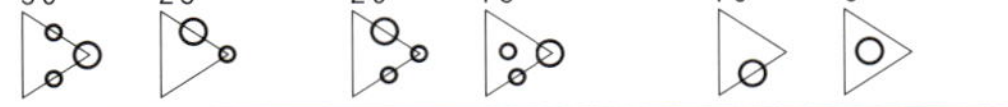 | 30 | 25 | 15 | 20 |
| 色相型 | 20 | 20 | 20 | 20 | 15 | 10 | 5  | 20 | 20 | 20 | 5 |
| 学習色 | 30 | 30 異形なし | 20 限定色(ピンク) | | 15 黒(孤高) | 10 くどい(赤・緑) | | 30 | 20 | 15 | 15 |
| 背景色有無 | 10 | 10 白地多い | | 5 白地少し | | 0 白地なし | | 5 | 0 | 10 | 0 |
| 対比量 | 10 | 10 強対比 | | 5 中対比 | | 0 弱対比 | | 10 | 10 | 10 | 10 |
| 計 | 100点 | | | | | 合計得点→ | | 95点 | 75点 | 65点 | 50点 |

### 共感B以上のポスター(杉並区)

落選

### 共感B以上のポスター(浦安市)

落選

共感レベルB以上のポスターからはほとんど落選がない。順不同

第1章 衣の配色マップ　トーン型と色相型を使いわけてスポーツらしさを表す

# 野球は力強さ、サッカーはカジュアルさ

### 野球をカジュアルすぎる配色で表すと共感が消える

野球のユニホームをサッカーと同じ配色にすると違和感が起きて共感が消える。ともに人気を二分するスポーツであっても、テイストが全く違うためだ。配色マップから2つのスポーツを比べてみると、全く異なるテイストが浮かび上がってくる。

## 野球は禁欲的で、男性的な力強さ

白色と黒色が野球の基本色だ。これに鮮やかな1色を加えて力強さを表し、抑制の効いた、ムダのない男性的なテイストを表す。また上半身に重心を置くのも野球の特徴だ。濃い色は下半身に置かず、上半身に集中させることで行動力を表す。

1

説明図　右図をカラフルな配色にかえると野球らしさがなくなり、引いてしまう。私たちは、一般的にはカラフルな色を好むが、野球をここまで鮮やかにすると共感が消えてしまう

オリジナル　伝統のピンストライプのユニホームは、実はもっとも野球らしいテイストを表す配色だ。禁欲的で力強いイメージを表し、野球ファンの共感を呼ぶ。球場のシートやグラウンドを鮮やかでカジュアルな配色にすると、このユニホームがかえって際立つ

1 週刊ベースボール別冊桜花号2003年プロ野球全選手カラー写真名鑑&観戦ガイド P.129　ベースボール・マガジン社　2・5・6 ストライカー特別編集2003Jリーグパーフェクトガイド P.6(2),28,32,40,48(6),56,76　学習研究社 P:KOUCHI SHINJI(2)　I:那須盛之・西村知己・舘野美保子　3 DIAMOND SPORTS UNIFORM 2003 P.27,29〜32　ミズノ　4 Number 2003年3月20日号 P.48 文藝春秋　P:杉山ヒデキ

### サッカーはカラフルでカジュアル

サッカーのユニホームは鮮やかな色の組み合わせが多い。開放的で拘束のない自由さがサッカーのテイストだ。また、ホーム用とアウェー用の区別も野球よりもはっきりして、応援者にとってシンプルでわかりやすい。重心も下半身にあることが多く、男女差表現がない。

説明図
野球色にかえると、サッカーらしいカジュアルな開放感が消えてしまう
白と黒

オリジナル
鮮やかなユニホームが躍動感を表し、選手の動きを生き生き感じさせる
鮮やかな色

**Column**

#### 野球のユニホーム
色みを抑えた男性的でスピード感のある配色が野球らしさを表す。

ユニホームを着た選手はストイックで力強い印象にかわる

#### サッカーのユニホーム
メンバーの役割を配色によってはっきり区別する。こうして、よりカラフルでカジュアルなテイスト表現になっている。

配色で役割がはっきり明示されている

| トーン | 野球 | 白＋黒＋純色 |
|---|---|---|
| 色相型 | | 1色＝禁欲的 |
| 重心 | | 上半身＝男性的 |
| テイスト | | 力強い・耐える・男らしさ |

| トーン | サッカー | 純色中心 |
|---|---|---|
| 色相型 | | 2色＝華やか |
| 重心 | | 上下自由 |
| テイスト | | 開放的・自由 |

第1章　衣の配色マップ　ファッション性非否日常的なトーンと色相型で表す

# ファッションは神秘性と日常性の共存

日常的ファッション――カジュアルで陽気、素直
神秘的ファッション――ドラマチック、幻想的、ミスマッチ

普段着の配色は素直なイメージが基本だが、ファッションには、もう一つの側面がある。下図のサンダルやバッグは陽気で華やかだが、右の黒い和服は少し印象が違う。いかにも和服らしいシックな色使いだが、配色マップでチェックすると、意外なことに、黒色は幻想的な非日常のイメージだ。ファッションには、日常と非日常が混在し、私たちはそれを無意識に受けとめ、楽しんでいる。

## ファッションの日常性と神秘性　何気なく受けとめていた配色に、神秘性が隠されている

1・2

3

オリジナル　日常的で明るく健康的なトーン。純色や明色を主体にした配色は、健康的で爽やかなこだわりのないテイストを表す。

オリジナル　左側の穏やかで明るい和服にも、大胆な仕掛けが隠されている。穏やかに見える配色だが、この2色はオレンジ色と緑色の、準対決型だ。これを穏やかなトーンにすることでソフト化している。

1・2 シュプール 2003年4月号 順にP.150,275　集英社　P:Satoshi Yamaguchi(1),Koji Udo(2)　サンダル:MARC JACOBS,バングル:TSUMORI CHISATO　3 婦人画報 2003年4月号 P.337　アシェット婦人画報社　P:今村史佳　S:伊砂由美子　4・5・6・7 ジェイ・ジェイ 2003年5月号 順にP.67,58,51,211　光文社　P:高梨浩(4・5・7),中野健治(6)　S:猪瀬麻由美(4・5),大塩リエ(7)

## ミスマッチを強調する

ファッションの特徴はミスマッチにある。迷彩色と優雅なシルエット、つぎはぎ模様と優しいトーンのミスマッチが非日常性を感じさせる。

◀ **素直で明快なイメージ**

白地をベースにした水玉やチェックと、優しいシルエットの組み合わせが爽やか。しかし、ミステリアスさが欠ける。

オリジナル

オリジナル

**Column** 幻想的トーンで神秘性を表す

2着の和服は、いかにも和服らしく自然に見えるが、神秘性表現の仕掛けがある。黒色は日常では使わない過激なトーンであり、これを細かい模様と組み合わせることで、繊細な幻想を表す。

また、オレンジ色と緑色のきつい対比と、穏やかなトーンを組み合わせると、大胆かつ穏やかな印象にかわった。

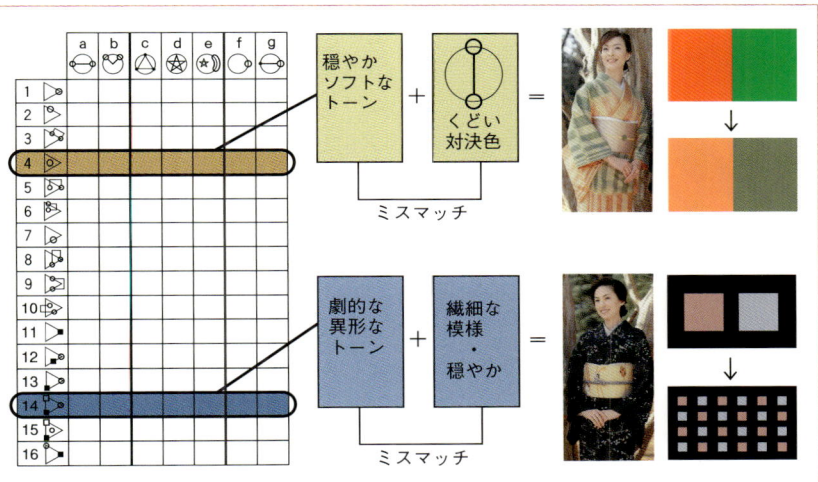

**配色Map** トーンのテイスト表現

トーンの効果は絶対的だ。鮮やかなトーンは元気さや積極性を表し、淡いトーンは優しさを表す。原則に逆らって、淡いトーンで元気さを出すには無理がある。反対に純色を主体にしては優しさを表すことができない。

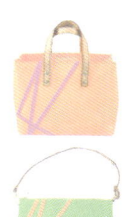

**純色・元気で積極的**
鮮やかなトーンは元気いっぱいで、真夏の太陽によく似合う

**明色・優しくソフト**
明るいトーンは優しさを表す。元気な表情の人々には少しミスマッチになる

**濁色・穏やかで落ちついた**
濁色は落ちつきとこだわりを表す。渋すぎる水着は元気さがなく、共感しにくい

**Point** 鮮やかなトーンにシャープな線のアクセントは効果的。軽快な元気さを表す

第1章　衣の配色マップ　開放感は全相型の色相で表す

# 全相型が外出の気分によく似合う

カジュアルな外出用バッグには、開放型色相がよく似合う

色相環上のおもだった色相を片寄りなく取り入れた配色を全相型という。開放的で陽気なイメージを表す。下図の右のバッグは、華やかで開放的でありながら、落ちつきがある。これは部分的に全相型を取り入れた効果だ。一方、左のバッグは同系色にまとまっているので、落ちついた癒し感がある。この2点の違いが色相型による違いだ。

## 色相型の効果を比べる　同相型と全相型がどんなイメージを表すかをチェックしてみよう

1

2

3

4

**オリジナル**　同相型は内向的
紫色は非日常的で、もっとも女性的で優雅さを表す色だ。一方、同相型は内向的で穏やかなイメージを持ち、この両者を組み合わせると、日常性とはもっとも離れた神秘性を表す。

**オリジナル**　微全相型は落ちついた開放感
明るい革の色を基調にして、青色や緑色、黄色、赤色などが散りばめられている。この色相型は、e 微全相型といい、穏やかでほどよく開放的なイメージを表す。外出の気分にふさわしい。アクセサリーは三角型（左）と対決型（右）で、ともに開放的。

**配色Map**　**色相7型**　色相7型の効果を比べてみよう。大きく

| U 対決 | | C 開放 |

**a 対決型**
反対色の2色が対決する。緊張感があり華やかさがある

**b 準対決型**
正反対ではなく、少し近づいた対決は緊張感が少し穏やかになる

**c 三角型**
等間隔の3色による組み合わせ。b と d の中間的性格

1・4 シュプール 2003年4月号 順に P.156,275　集英社　P:Satoshi Yamaguchi(1),Koji Udo(4)　バッグ:クリスチャン ディオール　リング:STEFANO POLETTI(左),Les Bijoux(右)　2・3 ヴォーグ ニッポン 2003年4月号 順に P.196,199　日経コンデナスト　P:Hitoshi Fujimaki　バッグ:Louis Vuitton　5 オッジ 2002年11月号 P.207　小学館　P:中野健治　バッグ:プリングル　6・7 袴三越レンタル衣装カタログ 順に P.2,表紙　三越

## 全相が開放感を表す

実物の配色は右図だ。左と比べると開放的で見ているだけで楽しい気分になる。これはこの色相型が全相型であるから。左が寂しい内気なイメージに見えるのは、同相型の効果だ。

**同相型**
色相環に上図の色を並べてみると、ピンク色、赤色から黄色までの狭い範囲におさまっている

説明図

**全相型**
色相環に上図の配色を並べてみると、ピンク色、赤色、黄色、緑色、青色と全色相にわたってまんべんなく分布している

オリジナル

### Column

**特別な日にはバサラ色で**

祭りや卒業式には日常と違う、違和感のある色がかえって気分を盛り上げる。出雲の阿国から始まるとされる歌舞伎の配色には、日本の伝統的なバサラ性（注）を表す色が残されている。異形の非日常的な気分を表す。

注：バサラ 婆娑羅
室町時代の流行語で、異様に派手な振る舞いを指す。

**アクセントでイメージが反転する**

暗く渋いトーンは伝統をイメージさせるが、一般的には嫌われる色。これに鮮やかなアクセントを加えると、一転して生き生きし、渋さが魅力的にかわった。

赤
少し離れた色相の強い印象

黄
反対色は派手で華やか

紫
ほぼ同じ色相で、穏やかでおとなしい印象

分けて、対決、開放、内向癒しの3種に分かれる

### S 内向癒し

**d 全相型**
ほとんどの色相が片寄りなく使われている。開放感、自由さが最大

**e 微全相型**
fの中にdの要素を加えると、癒し感と開放感が共存する

**f' 類似相型（同相の変型）**
似た色相の組み合わせは穏やかだが、内向的で閉鎖的

**f 同相型**
まったく同じ色相だけの組み合わせは、もっとも閉鎖的

**g 微対決型**
fの中に微量の対決色を加える。少し外向的になる

第1章　衣の配色マップ　白色は組み合わせ色を明色化する

# 白色は爽やかな元気さを表す

白色は冷たい色にも、元気で生き生きさせる色にもなる

白色は意外に危険な色だ。鮮やかさゼロの、主張のない色なので不用意に使うと、うるおいのない事務的で寂しいイメージになる。一方、強い色と組み合わせると、強すぎる色の元気さを生かしつつ、爽やかなイメージをつくる。また、優しいトーンと組み合わせると、優しさをより引き立てる。

## 白色は毒々しさを消して、元気な爽やかさを表す　純色だけの対比はくどくなりやすい

説明図
鮮やかなトーンは元気さや積極さを表すが、対比を強めると元気さを通り越して毒々しくなってしまう。上図はそれぞれ緑色と赤色の対決を強調した、もっとも強烈でもっとも嫌われる組み合わせ

オリジナル
白地にしたら一転して爽やかなイメージにかわった。赤色や青色の強い対比がむしろ元気で積極的な好印象に変化した。純色と明色の組み合わせは爽やかさを表すが、これと同じ効果だ

### 形と複合してイメージをかえる
上図のスニーカーと右上のブラウスの配色は同じ方法だが、受ける印象はまったくかわる。スニーカーは力強い形と結びついて強さが表れ、優雅なシルエットに結びついたブラウスは優しい印象にかわる。

1 クール・トランス 2003年4月号 P.229　ワニブックス　P:Syuhei Nomachi　スニーカー:NIKE
2「LEONARD FASHION」広告　SANKYO SEIKO FASHION SERVICE CO.,LTD. (婦人画報2003年4月号 P.114掲載)　3 ジェイ・ジェイ 2003年5月号 P.108　光文社　P:村山元一　S:大野千歩
4・6 モア 2003年4月号 順に P.62,287　集英社　P:森田晃代(4),明賀誠(6)　S:衣川しづ子(4),星しずえ(6)　5 オッジ 2002年11月号 P.57　小学館　P:江口博彦　S:菊池京子

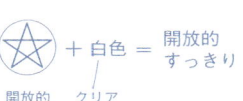

## 純色を爽やかに見せる

右は爽やかで、かつ大胆さが決まっている。白色のクリアさの効果が強い青色を爽やかに引き立てているからだ。左は本来は開放的すぎて緊張感のない配色だが、白色の効果ですっきり見える。

+ 白色
シンプルで
すっきり

☆ + 白色 = 開放的
開放的  クリア   すっきり

☺ オリジナル

離れた色相の組み合わせは華やかさを表す。黄色と青色は反対色の関係にあり、もっとも強い対比だ

対決型

2トーンは癒し感を表す。同じ色相の濃淡を2トーンといい、上図に比べ優しい印象になる

2トーン

2トーン

赤色の暗色と純色の組み合わせも2トーンであり、穏やかな印象を表す

### Column

**白色は淡いトーンも引き立てる**

淡いトーンと白色を組み合わせると、淡いトーンのもつ優しさが引き立ち、かつクリアですっきりする。

**明暗差で元気さと優しさを表す**

明暗差を小さくすると優しいイメージになり、コントラストを強くすると元気で積極的になる。

3

4  5

### Column

**スカーフはつなぎ色**

スカーフは配色の欠点を補う。鮮やかな色で華やかさを表しつつ、一体感をつくる。また、明るいグレーのスカーフは黒色のきつさを和らげて優しく見せている。

長方
6

スカーフ
=肌色と
同じ明度

肌色

黒色

第1章　衣の配色マップ　子供服には大人と同じファッション表現がある

# 素直派とミスマッチ派の子供服

乳児には優しい明色のトーンがよく似合うが、大人の趣味も入る

子供らしさにはかげりのない素直で元気なトーンがよく似合う。生まれたての乳児には、淡く優しいトーンがかわいらしさを強調する。活発に駆け回る子供には、鮮やかな純色のトーンが元気さを表す。一方、実際の子供服には、大人の世界を反映して渋いトーンの濁色や暗色も登場する。親の趣味を反映したテイストといえる。

## 子供との密着がミスマッチ配色を選ぶ　明色中心の素直な配色だけが、子供のかわいらしさではない

オリジナル
明色
純色

明色や純色を中心にした配色は、かげりのない素直なイメージを表し、いかにも子供らしさが自然に伝わる。これは私たちが疑わずに引きついできた<学習色>となっている配色だ

オリジナル
濁色
暗色

濁色と暗色のミスマッチ配色は、子供の私物化でもある。子供とのペアルックを求める母親のニーズ、子供服に個性を求めたいニーズが学習色の殻を破ってこの配色を選ぶ

1・3・9・10 ベビーウエア＆グッズBOOK2003年春夏レモールカタログ（ひよこクラブ2003年4月号第2付録）P.10(1·10),5(3),17(9)
株式会社レモール　2・4・5・7・8 ひよこクラブ2003年4月号 P.118(2·5),31(4),119(7),39(8)　ベネッセコーポレーション
P:鵜澤昭彦(2·5·7),回里純子(4·8)　S:三原千春(4·8)　6 ベビーウエア広告　西松屋　（ひよこクラブ2003年4月号 P.312掲載）

## 子供服のトーンは年齢とともに鮮やかになる

乳児には明色が似合う。淡い優しいトーンが乳児のかわいらしさを表す。年齢が増えて活発な年頃になると、鮮やかで元気な純色が似合うようになる。

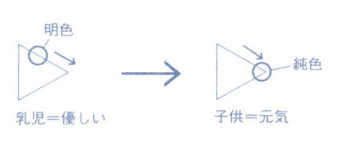

明色 → 純色
乳児＝優しい　子供＝元気

---

**Column**

### 異形なトーンで個性を表す

活発な子供らしさを表す純色と、濁色や暗色を組み合わせて、子供らしさの常識を破る。

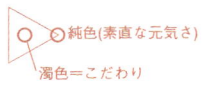

純色(素直な元気さ)
濁色＝こだわり

純色(素直な元気さ)
暗色＝威厳

### 黒色はダイナミックな大人からの借りもの

黒色は力強く神秘的なイメージで、スポーツのユニホームに多く用いられる。ミスマッチぶりが、かわいらしさを感じさせるが、子供のペット化ともいえる。

---

**配色Map**

### 子供服のトーン　年齢とともに鮮やかさが増える

明色
淡いトーンには乳児の優しい気分によく似合う

明色＋純色
少し鮮やかになると元気さが出てきた

純色
もっとも鮮やかな純色はもっとも元気なイメージ

明色＋濁色
パンツを濁色にしたら穏やかなイメージになった

第1章　衣の配色マップ　明色と純色のトーンで子供らしい素直さを表す

# おもちゃの配色は素直で自然なセオリー通り

子供の知育ツールなので、大人の趣味性や個性要求が入りにくい

おもちゃの配色はセオリー通り、シンプルな配色に限定されている。乳児には淡く明るいトーン、子供向けおもちゃは活発な純色のトーンで表現されている。この原則には例外がなく、子供服の自由さと対照的だ。この原因はおもちゃの役割から来ている。おもちゃは単なる遊具ではなく、子供にとっては知能訓練ツールである。大人の趣味を入れる余地がない。

## おもちゃの配色は明色と純色による開放的配色に限られる
乳児は優しい明色で、活発に動き出す年齢になると純色に移る

オリジナル　動きの少ない時期の乳児には、危険感のない優しい淡いトーンがふさわしい。周囲の大人に対しても、穏やかな明色が安全なイメージを与え、落ちついた気分にさせる

オリジナル　鮮やかな純色は元気さと積極さを表し、活発な子供のイメージにぴったりだ。陽気な黄色を中心として青色や赤色、緑色などのすべての色相を含む全相型は、もっとも開放感があり元気な子供にふさわしい

### 全相開放型と内向癒し型──色相型の使い分け

全相　活発に動き回る昼間のボールは、全相型がよく似合う

同相　同相型は内向的で、お休みの癒し気分を表す

1・5・6 トミーのBABYBOOK 2002-2003 トミーベビー総合カタログ P.12(1・6),14(5) トミー　2「ハローキティベビーズシリーズ」カタログ　カワダ　3「セサミえいごワールド」広告　いずみ書房（ひよこクラブ2003年4月号 P.345掲載）　4「ジャンボやわらかつみき」広告　カワダ（ひよこクラブ2003年4月号 P.271掲載）　7「バービー」チラシ　バンダイ　8 鯉のぼりカタログ　東旭株式会社　9・10 ひよこクラブ2003年4月号 順にP.255、153　ベネッセコーポレーション　ブロック：ジョルダン　11「RADIO FLYER」カタログ MARITIME TRADING Co. Inc.　*2 ベビーウエア＆グッズBOOK2003年春夏レモールカタログ（ひよこクラブ 2003年4月号第2付録）P.25　株式会社レモール

### 7 ◀ バービー人形もおもちゃ色

大人の世界を疑似体験するための人形も、おもちゃと同じ配色だ。子供服のミスマッチ配色のような濁色では共感がわかないのだろうか。

### 鯉のぼりもおもちゃ色 ▶

5月の青空に泳ぐ伝統的な鯉のぼりもおもちゃと同じ配色だ。開放的な全相型で構成されている。

8

---

**Column**

### 大人の趣味を入れない知育用品

子供のファッションと違い、おもちゃの配色は原則どおりの素直な配色に限定されている。

純色 ＋ 全相型
元気　　開放的

9　　10

---

**配色Map**　色相型――子供らしい活発な開放感は開放型色相で表す

11
**c 三角型**
赤色、青色、黄色の3色の組み合わせは開放的で元気がある

**f′類似色相型**
暖色の赤色と黄色の組み合わせなので穏やか

**f′類似色相型**
寒色の青色や緑色がないので片寄った印象

---

**配色Map**　トーン型――おもちゃは純色と明色、木材の自然色に限られる

12

**明色**
乳児に似合う優しいトーン。人を傷つけない穏やかなイメージ

**純色**
活発な子供の動きに似合う元気なトーン。積極的で活動的

**濁色**
こだわりのあるトーン。子供らしい素直さがなく活発に欠ける

**暗色**
威厳を表すトーン。子供の可愛さとは正反対のテイスト

37

第1章　衣の配色マップ　色価の高低差と高色価の場所でメッセージを伝える

# 鮮やかな唇色で行動的なテイストを表す

顔のどの部分へ、どのくらいのアクセントを置くか、によってテイストを表す

鮮やかな色をどこに置くか、どのくらいの強さにするかによってメイクアップのイメージが決まる。鮮やかな色を強調すると外向的、開放的、積極的になる。抑えると内向的で少し閉鎖的な、内に秘めたエネルギーをイメージさせる。また、少しだけ抑えるとナチュラルな、多くの人が自然に感じるテイストを表す。

### 外向派と内向派　肌色にとって、反対色にあたる青色や紫色を強調すると外向的、同相のピンク色は内向的

1

2

オリジナル　肌色に合わせて同系色にまとめると、類似色の色相になる。内向的、閉鎖的なイメージとなり、外部を強く拒否する内向きの強さが表れる。右図の派手さに比べ、脇役的な控えめなテイストだ

オリジナル　アイシャドウや背景に青色を強調すると色価が上がり、外に向かう力が強まる。派手で開放的、華やかなイメージになる

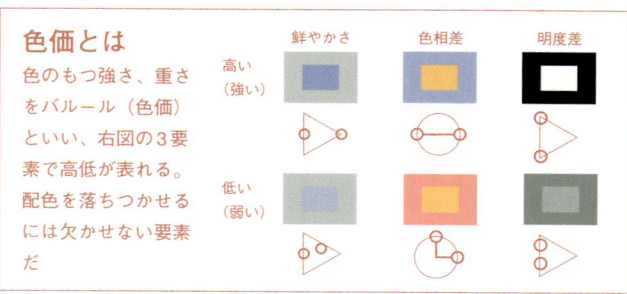

1・2 '03スプリングビューティファイル（シュプール2003年3月号付録）順にP.4,5　資生堂　P:Makoto Nakagawa　H＆M:Yumiko Kamada　3「クレ・ド・ポー ボーテ」カタログ 表紙　資生堂　4・6 ヴォーチェ 2003年5月号 順にP.160,51　講談社 P:Hisashi Shimizu(4),Masamitsu Tomita(6)　M:RUMIKO(4),H＆M:TAKAKO(6)　5・13 シュプール 2003年4月号 順にP.205,57　集英社　P:Yoshihito Sasaguchi(5), Yoko Takahashi(13)　H＆M:TAKAKO(5)　M:RMK(13)　7 カタログ 表紙　資生堂　8〜10 クレア 2003年4月号 順にP.57,55,61　文藝春秋　P:Masamitsu Tomita　H＆M:Michiko Fujiwara(8・9),Chiaki Shimada(10)　11「RISE」カタログ 表紙　花王　12 カタログ　ボーテ ド コーセー　14 ヴォーチェ 2003年3月号 P.137　講談社　P:アクア ディアスポラ　H＆M:OSSAMU

**色価とは**
色のもつ強さ、重さをバルール（色価）といい、右図の3要素で高低が表れる。配色を落ちつかせるには欠かせない要素だ

|  | 鮮やかさ | 色相差 | 明度差 |
|---|---|---|---|
| 高い（強い） |  |  |  |
| 低い（弱い） |  |  |  |

38

## 配色Map　色価で外向と内向を表す　反対色や鮮やかな色を強調すると外向的になり、控えると内向的になる

**色価大**——反対色や鮮やかな唇を強調する　　　　　　　　　　　　　　　　**色価小**——同系色や渋いトーンで控えめにする

## 配色Map　瞳と唇　アクセントの部分やアクセント量で3つのテイストに分かれる

| 外向的　瞳にアクセント | ナチュラル　アクセントを抑える | 行動的　唇にアクセント |
|---|---|---|
| ①瞳を通して外部へ向かう興味やエネルギーを表し、華やかさがある。 | ②アクセントの量を少量にする。例えば口紅の色は鮮やかなトーンを避け、アイシャドウも少量にとどめ、かすかに頬や瞳近くにアクセントをつくる。 | ③唇のアクセントは行動力を表し、控えめな色は穏やかさを表す。 |

Column

# U・C・Sでテイストを整理する

私たちが日常生活で感じとっているテイストは多種多様であり、一律にはコントロールできそうもない。しかし、発想をかえて、U・C・Sの3テイスト群に大胆に区分けしてみると、思いがけず、すっきり整理できる。

## すべての配色はU・C・Sのいずれかに属する

色彩には3つの属性があり、この関係を＜型＞として体系化したのが配色マップだ。マップの中心はトーン型と色相型であり、これに3要素を加えて計5要素で成立している。

配色型をU・C・Sテイストで区分けすると、下図のようになる。ほとんどの要素がU・C・Sのいずれかに属していることがわかる。

### UCSテイスト表

**U　ユースフル**
役立つ、ムダのない、力強い、頼れる―冷たい

**C　カジュアル**
元気、積極的―うるさい

**S　スピリット（癒し）**
穏やか、落ちつく、のんびりする―消極的

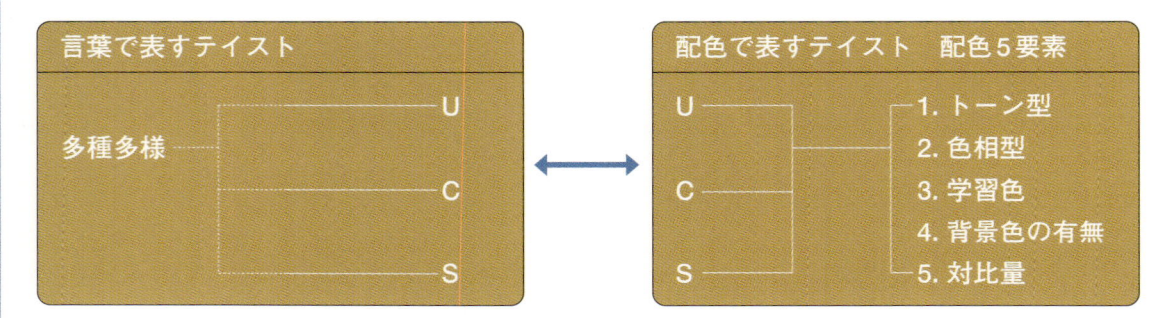

### 言葉で表すテイスト

多種多様 ― U / C / S

### 配色で表すテイスト　配色5要素

U / C / S
1. トーン型
2. 色相型
3. 学習色
4. 背景色の有無
5. 対比量

テイストを言葉で表すと多様で複雑だ。しかし、配色で表すテイストはU・C・Sの3群に分かれるので、これを言葉にフィードバックすると、複雑に見えた言葉で表したテイストも案外シンプルに整理できる。

## 配色の型はU・C・Sに区分される

どのトーン、どの色相型も、U・C・Sに大別される。よりUテイストの強い型と、やや弱い型、Cテイストに近い型というように区分される。

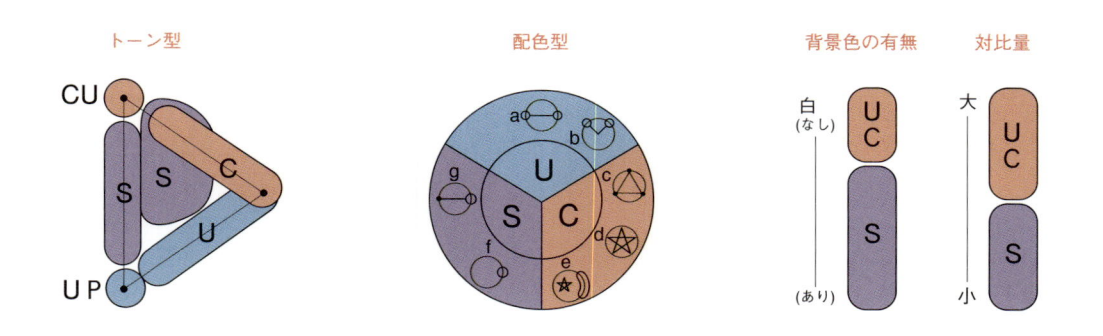

トーン型　　配色型　　背景色の有無　　対比量

## イメージ語を U・C・S に3分する

イメージやテイストを表す言葉は多様だが、これを配色型のU・C・Sに置きかえてみると、意外なことに一致していることがわかる。
例えば、下図の3種類のサンプルを見て、下の覧の言葉から、もっとも近い印象の言葉をチェックしてみよう。

図①はU覧の言葉をもっとも多くチェックしているはずだ。これにより図①はビジネステイストであることがわかる。図②はC、図③はSをチェックしている。ちなみに、配色もそれぞれ典型的なU・C・S配色型になっている。

## 言葉によるイメージ表現と配色が一致する

この例からわかるように、言葉によるイメージと、配色によるイメージは表裏の関係になっている。したがって、テイストを絞り込む時には、U・C・Sで整理しながら進めば、配色から入っても、言葉から入っても、めざすところにたどり着ける。

## 共感テイストは複合体 単純な3区分ではない

私たちが感じとっている共感するテイストは、もちろん、U・C・Sの単純な区分けだけではない。UとCの複合テイストであったり、CとSの複合テイストであったりする。例えば、歌舞伎らしい配色とは、歴史の重さと劇としての華やかさとが両立したものだ。歴史を強調しすぎると暗く重苦しくなり、華やかさがなくなる。華やかさだけでは歴史や伝統のイメージが消える。一見矛盾する両者が複合して表現できた時に、共感する配色が生まれる。

## あいまいなテイストの境界線

色彩によって表せるテイスト域の境界線はあいまいだ。音符のドレミファでは「ド」と「レ」の間には明快な境界線はない。その中間には限りなく「ド」に近い「ド」と、少し「レ」に近い「ド」がある。
色彩のテイスト域も音符と同じだ。＜明色は優しい＞が同じ明色でも純色に近づくと、優しく、かつ元気になる。こうして、それぞれのテイスト域は重なり合って、全体をカバーしている。

## テイストのチェック

各図を見て、下の覧の言葉群からもっとも近いイメージ言葉をチェックすると、各図のU・C・Sテイストの比重が表れる

図①

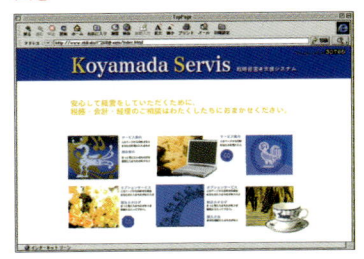

U  役立つ、頼れる、ムダのない
C  気軽な、活発、開放的
S  癒される、穏やか、のんびり

図②

U  役立つ、頼れる、ムダのない
C  気軽な、活発、開放的
S  癒される、穏やか、のんびり

図③

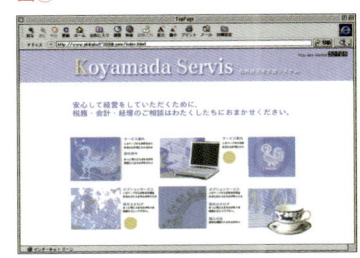

U  役立つ、頼れる、ムダのない
C  気軽な、活発、開放的
S  癒される、穏やか、のんびり

第1章　衣の配色マップ　Q & A

# Q & A・第1章を再確認する

## Q1 穏やかなこだわりを表す化粧品はどれか
3点の違いはトーンだ。aは明色で、bは暗色、cは濁色が基調になっている。どのトーンが穏やかさを表すか。

a　　　b　　　c

## Q2 子供のおもちゃにふさわしいトーンはどれか
3点の差はトーンの違いだ。dは暗色で、eは純色、fは明色だ。活発に動きはじめた子供には元気なトーンがふさわしい。

d　　　e　　　f

## Q3 もっとも華やかな印象なのはどれか
3枚とも同じトーンだが、色相が違う。gには反対色があり、iは同系色だけで構成されている。

g　　　h　　　i

1「ベースメーク」カタログ 表紙　アユーラ　2「ホワイトニング パワコンDC」広告　カネボウ（婦人画報 2003年4月号 P.2・3 掲載）　3「NEW "BRIGHTENING" BASE MAKE UP」広告　アナスイ　4 ひよこクラブ 2003年4月号 P.109　ベネッセコーポレーション　P:小田昭二　5 前掲(P.38参照)　6 DIAMOND SPORTS UNIFORM 2003 P.32　ミズノ　7 ジェイ・ジェイ 2003年5月号 P.113　光文社　P:SHINTARO　バッグ:エミリオ プッチ

## Q4 どのユニホームが野球らしいか

3枚の違いはカラフルさの差だ。もっともカラフルなのがlで、色を抑制しているのがjだ。

j　　　　　　　　　k　　　　　　　　　l

## Q5 どのバッグが本物か

もっとも難しい問題だ。多くの人に好まれるメジャーな性格とは、開放感があり、ほどよい上品さがあることだ。内向的すぎる配色や、元気さがあふれすぎる配色は多数派にならない。

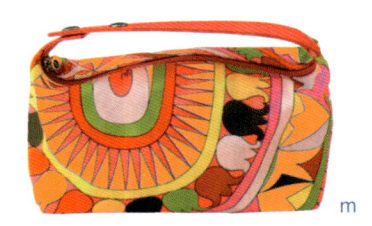

m　　　　　　　　　n　　　　　　　　　o

---

## こたえと解説

### A1 こたえはc
濁色はこだわり感や癒しを表す。明色も優しく穏やかで癒し感があるが、こだわり感はない。

明色　　暗色　　濁色
a　　　b　　　c

### A2 こたえはe
乳児には優しく安全な明色が似合い、活発に動き始めた子供には元気な純色がふさわしい。

暗色=威厳　純色=元気　明色=優しい
d　　　　e　　　　f

### A3 こたえはg
色相幅が広いほど外向的でgの反対色の青色が華やかさを表す。h,iは近い色相で組み合わされていて内向的。

反対色　類似色　同系色
g　　　h　　　i

### A4 こたえはj
サッカーではカジュアルなテイストが似合い、野球は色みを抑えた、抑制の効いた男性的な力強さが求められる。

白と黒が基調　白と黒も入っている　全面が純色
j　　　　　k　　　　　l

### A5 こたえはo
mは開放的だが、全面に色が埋まってくどい印象。nには反対色がないので、内向的。oはクリアな白色がほどよく混じって上品さを出している。

全面が色面　同相型　緑色のアクセント
=　　　　　=
くどい　　内向的
m　　　　n　　　　o

# 第2章
# 食の配色マップ

**元気系から癒し系まで**
**幅広い食品のテイスト表現**
食品の基本配色は元気の出る鮮やかな色が基本だが、反対のイメージもある。癒し感を求めるケーキの中には、内向的な渋いトーンの同系色のほうが似合うテイストがある。

**食品の基調色は赤、黄、緑の3色**
食品には暖色が似合い、寒色は文字どおり寒く冷たい印象を与えるので食欲となじまない。こうした色とイメージとが強く結びついた関係を学習色といい、私たちが長い間、生理的、社会的に学習してきた結果だ。この赤色と黄色の暖色とこれを引き立てる緑色の3色が食品をおいしく見せる。

赤色、黄色、緑色、3色のどの色が欠けてもおいしそうなお弁当にはならない。赤色と黄色だけではおとなしすぎて元気が出ない。赤色と緑色では対比がきつすぎて、食品らしい穏やかさに欠ける。

### 配色マップは５種類のスケール

1. トーン16型──純色・明色・濁色・暗色・白・黒など
2. 色相7型────対決型・三角型・全相型・微全相など
3. 学習色─────寒色暖色など、共有しあっている色相
4. 背景色の有無──濃い背景色は内向的な気分を表す
5. 対比量─────対比が強いと力強いイメージになる

### ご飯の白さは両刃の剣

白色のご飯は清潔さを表すが、面積が大きすぎると白色のもっているクリアさがマイナス表現にかわってしまう。冷たく、さびしい、華やかさのない印象にかわる。白色の寂しさを消すには鮮やかな色を散りばめるとよい。黄色のコーンや、ピンクのデンブや赤い小梅をトッピングしてクリアさを消す。

### トッピングで華やかさを表現する

料理独特の配色手法にトッピングがある。トッピングとはもうひとつの色を加えて、料理の配色を強めることだ。その結果、料理の表情がより豊かに華やかに盛り上がる。トッピングには４つのスタイルがあり、このスタイルを使い分けることで豪華さや華やかさ、カジュアルさなどのさまざまな表情が表現できる。

1 後掲（P.54参照）

トッピングを取り去ると寂しい盛りつけになってしまう。トッピングを加えたら、パーティーらしい華やかさとカジュアルさが表れてきた。

第2章 食の配色マップ　おいしそうに見えるお弁当の配色には3つの原則がある

# 鮮やかな赤・黄・緑が料理の基本色

おいしく見せる3原則は①鮮やかな食材　②赤・黄・緑の3色　③白いご飯のトッピング

料理は元気な開放感が決め手で3原則をクリアするとおいしそうな料理ができる。3原則とは①色鮮やかな食材を使い、②食欲の基本となる赤色と黄色に、これを引き立てる緑色の3色を使うこと、③白ご飯の白さをトッピングなどで和らげることだ。白色は清潔なイメージでもあるが、クリアで寂しい。トッピングで彩りを加えると華やかになる。

## 3原則を満たせば、おいしそうな弁当になる

渋いトーンだけで組み合わせると気持ちが盛り上がらない

渋いトーンで鮮やかな要素がない。食べればおいしいかもしれないが、食べる前に気持ちが引いてしまう

白いご飯にも色がついてきたら華やかになった。鮮やかな黄色のコーンのトッピングで、食欲が刺激される

鮮やかな食材が増えてきて、少し元気さが出てきたが、まだ渋いトーンが主力だ

1 Hanako特別編集 東京スイーツブック 2003年2月 P.21　マガジンハウス　P:遠藤聴一・阿美智篤・岩本慶三・菅沢健治・鈴木まこと・平野茂・中村香奈子・奈良岡忠　C:「DUCAFE」

46

## ケーキの配色も3原則が生きる

引きしめ色の緑色が加わると、生き生きしておいしそうになる。ケーキのテイストは幅が広く、個性的だが、この3色を効かせると自然で健康的なイメージになる

説明図　類似色相は穏やかで癒し感があるが、華やかさが足りない
類似相型

オリジナル　少しだけ緑色が加わると、引きしまって華やかになる。色相を広げた効果だ
微対決型

### Column　3色相のどれが欠けても元気さが出ない

赤色と黄色の類似色が食品のなごみ感を表し、緑色がこの2色を引きしめる。この3色のうち、どれが欠けても不安な印象になる。

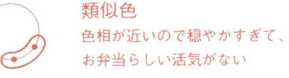

**類似色**
色相が近いので穏やかすぎて、お弁当らしい活気がない

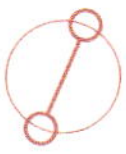

**反対色**
赤色と緑色の強い対比で元気さが出たが、食べ物らしいなごみ感がない

**3色相がそろった**
黄色が加わったら、なごみ感が出てきた。3色そろってバランスがとれた

### Column　のり弁は豪華さを表す　黒色と鮮やかな色を組み合わせると劇的なイメージになり、豪華さが表せる

白いご飯にのりを被せると、黒い背景色ができ上がり、ドラマの舞台ができた

鮮やかなトマトの赤色とアスパラガスの緑色が対比して強い印象に

マットを赤色にしたら、より活発になった

第2章 食の配色マップ　白色のもつクールさ冷たさはトッピングで和らげる

# 白ご飯をトッピングで華やかに

ご飯の白い面積が大きすぎるとクールで寂しいイメージになってしまう

白色はクリアな清潔さを表す。しかし、面積が大きすぎるとクリアすぎて華やかさと活気がなくなり、無表情で寂しいイメージになる。また、白色は日常性と実用性を表す。楽しさを演出するには工夫が必要だ。白いご飯の白々しさを消すにはトッピングやまぜご飯が効果的。白いご飯の清潔さを残しつつ、カラフルで、小さな食材を散りばめると華やかなイメージに。

## トッピングをはずしてみたら、日常的な普通のお弁当になってしまった

説明図　右のお弁当にあった緑色のえんどう豆をなくしてみた。ご飯の白い面積が大きすぎて寂しく、味気のないお弁当になってしまった。食べることを拒否しているようだ。トッピングが気持ちをなごませる役割をもっていることがわかる

オリジナル　緑色のえんどう豆をトッピング。豚肉のオレンジ色と反対色にあたり、強くはっきりした対比で元気が出る

**Column**

### 寒色は食欲を妨害する

寒色は理性的でクリアでムダのない遊びのないイメージ。面積を広くすると食欲を誘わない。

1・4 オレンジページ 2003年4月2日号 順にP.15,20　(株)オレンジページ　P:尾田学　S:鈴木亜希子　C:夏梅美智子　2・3 一個人 2003年4月号 P.85,74　KKベストセラーズ　P:片岡正一郎(2),板持学・宮前祥子(3)　C:「恵比仁」(2),「ふじ亭」(3)

## トッピングのいろいろ

真っ赤な小梅やニンジンやえんどう豆などの鮮やかで小さな食材を散りばめると、楽しさが表れる。また、デンブなどをまぜ合わせるとカラフルな、歓迎感あふれるお弁当ができ上がる。

### Column　お花見弁当は大人のテイスト表現

特別な日の特別に豪華なお弁当だが、原則は日常のお弁当と同じ。食材への手の込んだ細工、トッピングの工夫、盛りつけの大胆で細やかな配慮を重ねて、特別なお弁当ができる。

2

☺ オリジナル　**器で小宇宙を表す** 箱庭のようなミニチュアの小鉢やかごで非日常性を演出する。卵焼きにまでトッピングをして心を配る

3

☺ オリジナル　**桜色のトッピング** タテヨコの区切り線と斜線の区切りで2つの場を対比させる。華やかな桜花のトッピングで楽しさを盛り上げる

### お弁当包みでイメージをかえる

お弁当包みを暗色にすると落ちついた、しっかりした印象になる。明色は優しい印象を表す。

### 特別な日をイメージさせる同相型

類似色や同相色だけの配色は内向的なテイスト。意図的に用いれば特別な日を演出できる。右は少し緑色を加えて開放的。

第2章 食の配色マップ　料理を盛り上げるには、中心の色価をトッピングで高める

# おまけ トッピング4型で料理の性格を表す

盛りつけの目的は中心をはっきりさせることだ。料理を囲んで、人々の気持ちが一つになる。配色によってその料理の中心がはっきり示され、料理の存在感がより強まる。中心性を明示するトッピングは4種あり、それぞれの型が独特のテイストを表現する。

## 1 中心に置く　　料理の格調を高める　　中心をはっきりさせると、見る人にとっても安心感が高まり、落ちつきが出る

説明図：ほんの小さな緑色の葉がなくなっただけで、一気にごちそう感がなくなる。トッピングがいかに有効かがわかる

オリジナル：形の対比と色の対比を組み合わせる。対比の面白さが際立っている。上部にある脇役の方が派手な形で面白い。これを緑色のトッピングによって主役は中心にある、ということをはっきり示している。形と色の逆転をトリッキーに楽しませている

2 紅色の花びらで南国の華やかさを表現する

3 穏やかなアクセントで暖かい落ちつきが生まれた

1 婦人画報 2003年4月号 P.301　アシェット婦人画報社　P:青山貴一　C:山田力
2・3・9 グルメぴあ新春首都圏版 2003 P.37(2・3),45(9)　ぴあ　P:YUJI ISHII　C:「菱源斎」(2・3),「トゥールダルジャン」(9)　4・5 日常の料理から本格派まで 最新フランス料理 2003年 順に P.49,86　柳舘功著　旭屋出版　P:後藤弘行・与古田松市・安井真喜子・内藤健志・国井美奈子　6・7・8 中国四大料理 至極のレシピ集 2000年12月発行 順に P.78,87,43　さらだたまこ編　日本文芸社　P:木村純　C:「銀杏酒樓川菜館」(6,7),「仿膳飯荘」(8)

50

トッピング4型
1 中心に置く──中心に鮮やかな色を置く。格調が高く安定する
2 縁どる────料理の周辺を囲み込む。安定して豪華、重厚
3 散りばめる──全体に細かな色を散らす。カジュアルで楽しい
4 脇に添える──料理の脇にさりげなく添える。自然な、和風の

## 2 縁どる　豪華に安定させる

料理の周辺を縁どると、ちょうど額縁に納まった絵画のように、料理が安定する

説明図　右図から鮮やかな赤色の縁どりを取り去ると、寂しくなる。孤立して頼りない、華やかさのないイメージになってしまった

オリジナル　鮮やかな赤色で縁どると、中心の料理の貴重さが強調され、ホットで豪華なイメージになる

5 周辺を鮮やかな赤色と緑色で囲むと、中心の白色がくっきりと浮かび上がり、豪華な主役になった

6 細く刻んだ白い野菜で縁どると、料理があっさりと見え、かつ豪華になる。白色の効果だ

7 ボリュームのある野菜で縁どると、量感の豊かな料理がより豊かに、豪華に見える

**Column**　中華料理は豪華さ、フレンチは格調

皿いっぱいに盛りつけると豪華でエネルギーがあふれる。一方、皿の余白を広めると、上品で格調高い印象になる。中華料理は豪華さを、フレンチは格調を表す。

第2章 食の配色マップ 色価の位置でテイストをかえる

## おまけ トッピング4型で料理の性格を表す

このページで紹介する2つのスタイルはカジュアルさを表す。前ページの2つの型が格調の高さと豪華さを表すのに対し、さりげなく、自然に料理を引き立てる。

### 3 散りばめる　　カジュアルで楽しい

繊細な色をいたずら書きのように不規則に散りばめると、華やかでカジュアルなイメージになる

**1** オリジナル
主役が透けて見える。細かな緑色の葉の向こうに主役の料理が見える。その料理自身も赤色や黄色が混じり合い、散りばめが3重になっている

**2** オリジナル
曲線による流麗な散りばめ。黒色を背景にすると、曲線の優雅さがより強調される

**3** オリジナル
クリームのドレッシングでトッピングしたあと、緑色を散りばめる。料理の赤色を類似色のクリーム色でなじませてから、緑色で引きしめる

**4** オリジナル
散りばめを中心部に集中すると＜中心に置く＞に近い効果となり、格調が表れて、カジュアルさと共存する

1・3・4 日常の料理から本格派まで 最新フランス料理2003年 順に P.65,53,52　柳舘功著　旭屋出版　P:後藤弘行・与古田松市・安井真喜子・内藤健志・国井美奈子　2・7・9～13 婦人画報2003年4月号 P.116(2),79(7),62(9・10),321(12),320(11・13)　アシェット婦人画報社　P:上原ゆふ子・キミヒロ・松本祥孝(2),大川裕弘・蛭子真(7・9・10),田村浩章(11～13)　C:「TASTE O・N・E」(2),「割烹まえ川」(7),「山乃尾」(9・10),松田美智子(11～13)　5・8 グルメぴあ新春首都圏版2003年 順にP.8・9　ぴあ　P:YUJI ISHII　C:「吉兆」
6 dancyu 2002年5月号 P.62　プレジデント社　P:川上隆二　C:「なかあら井」

添え合わせの草木　岩組み　主役の石　　**日本料理には脇に置く型がよく似合う**

脇役

小さな緑を添えただけで、あいまいだったテイストが一気に＜和風＞にかわった。

5

## 4 脇に添える　　和風の自然さ

竜安寺などに見られる、日本庭園の岩組みと同じ様式の組み合わせ型だ。主役の脇にアクセントを添えると自然界を再現する形になる

添え合わせがなくても和風のイメージがある。2種類の刺身の組み合わせが、すでに岩組みと同じ、和風の添え合わせ型になっているからだ

6

添え合わせが加わると華やかになる。シソやわさびの緑色などの彩りが加わると、色相幅が広がり、一気に華やかになり、主役の刺し身が引き立った

7　季節の桜花をトッピングして色みを加え、さらにショウガの紅色を添えて鮮やかさを補強する

8　緑色のオクラで鮮やかな色を引きしめる。主役の赤貝の鮮やかな色を、紅色、黄色、白色で盛り上げる

9　赤いイクラを、渋い緑色の笹の葉でくるむと、主役のイクラがより鮮やかに、華やかになる

10　鮮やかな赤色の唐辛子を、脇に置くことで脇役であることがはっきりする。主役を盛り上げる

### Column　前菜とメインの区別をトッピング型で表す

コース料理の流れにも、トッピング4型の特徴が生きる。前菜やサラダはカジュアルな散りばめ型で軽快さを表す。

11　12　前菜とサラダはもっともカジュアルな＜散りばめ型＞

13　メインは少し改まった＜脇に添える型＞

第2章 食の配色マップ　豪華さとカジュアルさの両面をトッピングの型で表現する

# おまけ パーティーの華やかさを表すトッピング

パーティーにふさわしいカジュアルさと豪華さは対極にあり、両立が難しい

このページで紹介する写真はすべて、イタリア・ペック社のカタログで紹介されているパーティー用惣菜の写真だ。ここで注目したいのは＜中央に置く＞型を控えめにしていること。この型は、中心性をはっきりさせるので格調の高さを表すが、反面カジュアルさが欠け、パーティーのオープンな気分を損ねかねない。トッピング4型のテイストを使い分けて表す。

## パーティーらしい華やかさとカジュアルさを表すには、トッピング4型の使い分けが欠かせない

説明図　トッピングがないと単なる素材になってしまう。これではパーティーらしい華やかさもカジュアルさもない

オリジナル　＜散りばめ＞と＜中央に置く＞を組み合わせたら見違えるほどカジュアルで、しかも落ちつきが出てきた。＜中央に置く＞だけで盛り上げると、カジュアルさが消えて、パーティーの楽しさがなくなってしまう。両型の良さが引き出されている

説明図　＜散りばめる＞カジュアルではあるが、散漫でまとまりがない

説明図　＜中央に置く＞小さなアクセントだけでは弱々しく、パーティーにふさわしい豪華さがない

1〜7「ペック」カタログ 順にP.6,8,19,10,11,9,12　株式会社グルメール

## 強い赤色で
## 全体をまとめる

＜散りばめ＞型はカジュアルだが間延びする。中央を強い色で引きしめると、パーティーらしい華やかさが出てきた。

**説明図** 散りばめ型
カジュアルではあるがまとまりがない。それぞれの素材が漫然と置かれ、パーティー後の残り物のように見える

**オリジナル** 中央に置く型を組み合わせる
中央を真赤にしただけで＜散りばめ＞型のカジュアルさが生きてきた。＜中央に置く＞型が中心性をはっきりさせ安定する

## Column

### 脇に置くと自然さを表す

アクセントの緑色を中央に置くと格調が出るが、脇に置くと自然さが表れる。陽気なイタリアンのテイストとこの型がよく似合う。日本料理でこの型は和風を表し、イタリアンでは自然さを表す。

緑色の位置を少しずらすだけで自然な印象になる

ソースを緑色のアクセントが生き生きさせる

### トッピングなしで
### 素材をクリアに見せる

素材写真にはトッピングは加えない。装飾をなくすことによってクリアですっきりしたイメージになる。素材に対する信頼感が高まる。

## 配色Map　盛りつけのU・C・S表現　すべてのテイストをU・C・Sに大別すると思いがけない発見がある

**S**（スピリット＝内向）　　　**U**（ユースフル＝対決）　　　**C**（カジュアル＝開放）

**説明図**
添え合わせが何もないと、同相型の癒しテイスト。内向的なので華やかさ、楽しさがなく、寂しい

**説明図**
縁どりがないと赤色と緑色の対決が強調されシンプルでムダのない力強いテイストになった。豪華さがない

**オリジナル**
散りばめと縁どりが加わるとカジュアルさが最大になった。料理にふさわしい型はカジュアルテイストであることがわかる

第2章 食の配色マップ トーン型でケーキのイメージを表す

# ケーキの優しい癒しと格調を表すトーン

ケーキを食べる時の情景にふさわしいトーンが共感を呼ぶ

ケーキにはさまざまな表情がある。誕生日を祝う豪華で華やかなデコレーションケーキから、格調高く特別な時に出されるケーキ、会社の帰りに駅前のケーキ店に立ち寄って買うカジュアルなケーキまで、そのテイストは幅広い。このテイストを決定するのがトーンだ。明るい濁色のトーンは優しい癒しを表し、暗色は格調、明色と純色は明るいカジュアルさを表す。

## 明るいトーンが優しいテイストを表す　明色は上品で穏やかなゆったりした場面にふさわしい

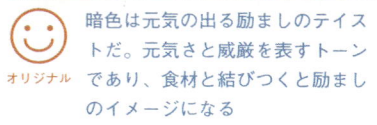

オリジナル　暗色は元気の出る励ましのテイストだ。元気さと威厳を表すトーンであり、食材と結びつくと励ましのイメージになる

オリジナル　明るいトーンは優しさを表し、濁色はこだわりを表す。両方のトーンが合成されて、都会的で上品なイメージになる

1〜8 Hanako特別編集 東京スイーツブック 2003年2月 順にP.34,13,17,33,50,16,55,46　マガジンハウス　P:遠藤聰一・阿美智篤・岩本慶三・菅沢健治・鈴木まこと・平野茂・中村香奈子・奈良岡忠　C:ピエール・エルメ(1・4)、「ル ショコラティエ タカギ」(2)、「糖朝」(3)、「patisserie SATSUKI」(5)、「ル シノワクラブ」(6)、「アントワーヌ・カレーム」(7)、「patisserie RUE DE PASSY」(8)

## 渋い暗色は
## 落ちついた格調を表す

右のケーキは落ちついた格調があり、伝統の技術が込められて、ていねいにつくられた印象がする。暗色に近い渋いトーンがこの印象を表している。左はこれを明るいトーンにかえたもの。明るくするとソフトで優しい印象にかわった。

説明図
明るい濁色
都会的な優しさ

オリジナル
暗い濁色
こだわり

### Column　南国のケーキは開放的でカジュアル。しかし、料理3色相の原則は南国でも同じ

右図はベトナム・ホーチミン市で見かけたケーキ店のショーウィンドー。日本では出合わない思い切り開放的な色使いだが、この違いはトーンにあり、白色と純色、明色のはっきりしたコントラストから生まれる。しかし、色相は赤、黄、緑の3色で、料理3色相の原則でできている。

**料理3色相**

暖色
食事する時の
豊かな気分

暖色をひきたてる

白と純色
クリアで元気

明色
優しい

純色と暗色
励まし

赤色と緑色を
白色で爽やかに

料理の
3色相

料理の
3色相

### 配色Map　トーンがテイストを表現する

同じようなケーキでも、トーンをかえると与えるイメージが大きくかわる。表現したいイメージによっては食材のトーンもかえる

明色（優しく穏やか）　　　　　　　　　　　　　　　　　　　　　（重厚で格調がある）暗色

優しい
ソフト
明色

元気で優しい
爽やか
純明色

もっとも元気で
明朗
純色

元気で
落ちつきのある
純濁色

元気で
重厚、励まし
純暗色

第2章　食の配色マップ　色相型でケーキの性格を表す

# 癒し型ケーキには同相型が似合う

一般的には嫌われる同相型は癒し感が最大なので、癒し型ケーキにふさわしい

ケーキにふさわしいテイストは、料理や弁当と違い、かなり幅広い。癒し感が最大の同相型色相は、内向的すぎて閉鎖的で、一般的には嫌われるが、ケーキではむしろ共感を呼ぶことがある。カジュアルなケーキは開放的な幅広い色相で表し、癒し感や格調を重視するケーキでは内向的な同相型や微対決型で表す。

## 反対色を加えると生き生きする　しかし、多すぎるとケーキにふさわしい癒し感が弱まってしまう

説明図：右図がオリジナルで、これに反対色の鮮やかな緑色を加えてみると、少し不自然な印象になった。強い印象になったが右のような癒し感がなくなってしまった

オリジナル：反対色の緑色を除いたら、格調高い癒し感が強まった。不自然さが消え、しっとりとした落ちつきが出てきた。類似した色相だけの同相型による効果だ

オリジナル：同じ色相、似た色相だけの配色は内向的だが、格調高いケーキにはよく似合う

1・4・5 Hanako特別編集 東京スイーツブック 2003年2月号 順にP.45、86,45　マガジンハウス　P:遠藤聴一・阿美智篤・岩本慶三・菅沢健治・鈴木まこと・平野茂・中村香奈子・奈良岡忠　C:「ル パティシエ タカギ」(1)、「CERISIER」(4)、「自由が丘ロール屋」(5)　2「モロゾフ」カタログ(2002年秋冬コレクション) P.11　モロゾフ　3 グルメぴあ新春首都圏版 2003 P.132　ぴあ　P:HIROSHI OKAYAMA　C:「ラヴィドゥース」

58

## 反対色は元気さを表す

反対色を少しだけ加えると、微対決型の色相になる。癒し感を表しつつ、少し開放的な華やかさが加わる。右は左図に比べ、緑色の葉が加わっているが、緑色のトーンが鮮やか過ぎず、穏やかなので癒し感は崩れず、さりげない開放感が出てきた。

説明図　類似色相型(f)　　オリジナル　微対決型(g)

### Column　反対色は少し強めただけでテイストが逆転する

微対決型(g)は癒し感を表すが、対決型はまったく反対のムダのない強さやビジネス性を表す。反対色をほんの少し多くしただけでテイストが逆転する。

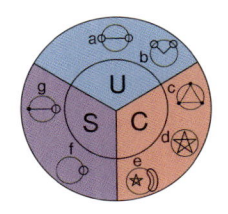

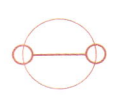

微対決型　S（癒し）　⟷　対決型　U（ビジネス性）

- 背景が優しい青色なのでケーキの黄色が優しい 
- 反対色の青色を強くしたら対決が強くなってしまった 
- 反対色の緑色が渋いトーンなので、チョコレート色の同系色による穏やかな印象が強い 
- 緑色を鮮やかにすると、対決が強まり、癒し感が消えてしまった

### Column　色相型　癒し感（S）を表す色相型の中でも、それぞれの型によって表情が微妙にかわる

- 同相型　純粋な内向、もっとも閉鎖的である　f型
- 類似色相型　穏やかな内向、自然さがある　f'型
- 微対決型　少し開放的、趣味性を表す　g型
- 微全相型　全体を同相型が覆っているので癒し感があるが、色相幅が広いので開放感がある　e型

第2章　食の配色マップ　トーンと色相型で飲料の特徴を表す

# 元気な開放感を全相と純色で表す飲料広告

飲料のテイストは癒しから開放、実用まで全テイストに及ぶ。
選択を誤ると、広告は共感を呼ばない

飲み物のテイストは幅広い。大勢で野外で飲むビールには元気さと開放感が決め手。一方、ひとりで静かに飲みたい酒をこのトーンで表現してはまったく共感されない。どういうテイストが共感を呼ぶのかを正しく設定した後で、ふさわしい配色マップを選択することが大切だ。あいまいな配色では見る人の印象に残らず、メッセージが消えてしまう。

## 元気な開放感は全相型で表す
青色の有り無しだけでこんなにイメージがかわってしまう

説明図　右図のオリジナルに対し、青みを除いてみると、開放感がなくなってしまった。暖色だけの類似色になったので、なごみ感が強まり、開放感がなくなった

オリジナル　小面積の青色が加わるだけで、まったく表情がかわる。開放的で元気なビールの、爽やかな飲み心地がぴったり表現されている

1・4「スーパードライ」広告　アサヒビール　(朝日新聞 2003年2月8日(1),2月15日(4)掲載)　2「石の蔵から」広告　本坊酒造　(翼の王国 2003年3月号 P.60 掲載)　3「ジャックダニエル」広告　サントリー　(ナンバー 2003年3月20日号 P.45 掲載)　5「爽健美茶」広告　コカ・コーラボトラーズ　6「一番搾り〈生〉」広告　キリンビール　(dancyu 2002年5月号 P.8 掲載)　7「Heineken」広告　(ブルータス 2002年1月1・15日号 P.206 掲載)　8「コカ・コーラ」広告　コカ・コーラボトラーズ　(朝日新聞 2003年3月3日掲載)　9「穣三昧」広告　アサヒビール　(朝日新聞 2003年1月29日掲載)　10「〈樽生〉方式一番搾り」広告　キリンビール　(朝日新聞 2003年4月13日掲載)　11「アサヒスパークス」広告　アサヒビール　(朝日新聞 2003年2月19日掲載)

## カジュアルさと格調をトーンで表現する

明るいトーンは優しさと開放感を表し、暗色は威厳や伝統、格調を表す。左図の明るいトーンには少しだけ濁色が含まれ、こだわり感を表す。
右のウイスキーは暗色のトーンを強調して、歴史の深さをイメージさせる。

▷ 明るい濁色　ソフトなこだわり

▷ 暗色　歴史の重さ

### 配色Map　トーン型で飲料のテイストを表す　トーンの型で、飲料の基本的な性格が決まる

▷ 純色—元気で積極的　　▷ 純色と明色—明るく爽やか　　▷ 濁色—優しく穏やか　　▷ 純色と暗色—励まし、伝統

純色は元気いっぱいの健康を表す

明色が加わると優しさが表れる

濁色は穏やかで癒し感が強まる

暗色は励ましと格調の高さを表す

### 配色Map　色相型で飲む目的を表す　トーンと色相型は配色マップの裏表の関係。両面から強力にテイストを表す

U対決—役立つ、健康のために　　C全相—カジュアル、みんなで飲む　　S内向—趣味性の強い

強い対比で役立つイメージを表す

穏やかなトーンだが全相型で開放的

三角型と元気な純色のトーン

反対色が入って、趣味性を表す

第2章 食の配色マップ Q＆A

# Q＆A・第2章を再確認する

## Q1 もっともおいしそうに見える盛りつけはどれか
料理をおいしそうに盛り上げるには素材だけでなく、トッピングを加えることが大切だ。どの位、どのように加えればよいか。

a   b   c

## Q2 爽やかさをアピールしたお茶にふさわしいのはどれか
人が爽やかだと感じるときは、元気さと明るさのバランスがとれた、こだわりのない素直な状態をいう。

d   e   f

## Q3 もっとも元気の出そうな盛りつけはどれか
料理を活気づけて楽しくする色は暖色を中心にした計3色だが、どの料理がもっともイタリアンらしい元気が出そうなイメージがするか。

g   h   i

1・3「ペック」カタログ 順にP.25,14　株式会社グルメール　2 前掲(P.60参照)　4 グルメぴあ新春首都圏版 2003 P.43　ぴあ
P:YUJI ISHII　C:「トゥールダルジャン」

## Q4 元気の出る組み合わせはどれか

ケーキは趣味嗜好性が重要なので、ふさわしい配色は幅広い。静かで内向的な配色も共感を呼ぶ。この3点の中で、もっとも＜元気さ＞が表れているのはどれか。

j　　　k　　　l

## Q5 いちばんおいしく感じる盛りつけはどれか

3点とも、ていねいにトッピングが加えられて盛りつけられている。この中で、もっとも華やかでおいしそうに感じる盛りつけはどれか。

m　　　n　　　o

## こたえと解説

### A1 こたえはc

aは素材だけで寂しい。bには鮮やかな黄色のレモンが添えられてはいるが、同系色だけのでまだ盛り上がりに欠ける。

同系色だけ　黄色が加わる　寒色の緑が色相幅が広がる　加わる

a　b　c

### A2 こたえはe

dの純色は元気さを表し、fは暗色が威厳を表す。eの純色と明色の組み合わせが、かげりのない爽やかさを表す。

純色＝元気　純色と明色＝爽やか　暗色＝威厳

d　e　f

### A3 こたえはh

hとiは暖色の赤色と黄色が暖かい元気さを表し、緑色がこの2色を引きしめる。hにはさらに白と黒の強いコントラストが加わり、元気さが強まった。

黄色と緑　白と黒のコントラスト　赤・黄・緑の3色が揃った

g　h　i

### A4 こたえはl

陽気さ、元気さを表すには赤色や黄色の暖色が必要だ。これに少量の緑色を添えて、引きしめたlがもっとも元気だ。jは赤色が不足で寂しい。kは黄色もなく寂しいが、静かな落ちつきがある。

寒色が多い　暖色がない　暖色が中心
紫　　　　紫
緑　黄　　緑

j　k　l

### A5 こたえはm

皿の縁が青色なので、全体的に見て寒色が多く、寂しい。nは暖色中心なので青色とのバランスがとれているようだが、赤色、黄色を引きしめる緑色がないので寂しい。

赤・黄・緑の料理3色　暖色のみ　赤と緑の対決

m　n　o

63

# 第3章
# 住の配色マップ

**ふさわしい配色が
住む人の気分を落ちつかせる**

日常の何気なく過ごしている住宅空間でも、配色のテイスト表現は重要なカギとなっている。このカギを無視すると違和感が生まれ、気持ちが落ちつかなくなる。例えば、リビングルームは家の中心になる家族団らんの場所であり、そのテイストは癒し感があって少しだけ開放感があることだ。したがって、リビングルームの配色を癒し感最大の同系色だけで配色すると、閉鎖的すぎてしまう。一方、開放感を表す全相型だけでは開放的すぎて落ちつかない。癒し感と開放感のバランスのとれた微全相型だけが居心地のよいリビングルームを表現できる。

住宅の外装飾のトーンには住む人のテイストが表れる。日本人は穏やかなテイストを好むので明るい濁色が住宅色の基調にもっとも多く用いられる。

## 配色マップは5種類のスケール

1. トーン16型――――純色・明色・濁色・暗色・白・黒など
2. 色相7型――――――対決型・三角型・全相型・微全相など
3. 学習色――――――寒色暖色など、共有しあっている色相
4. 背景色の有無――濃い背景色は内向的な気分を表す
5. 対比量――――――対比が強いと力強いイメージになる

## フラワーアレンジメントの
## テイストはなんでもあり

一方、生活を彩るフラワーアレンジメントのテイストは幅広い。素直で自然な明色と純色を中心とするテイストだけでなく、こだわりの濁色や暗色の配色も、私たちの生活を豊かに表現する。

淡いトーンの花、白い花は優しく可憐で美しい。しかし、これを主役にして構成するのは難しい。色みが弱いので、盛り上げが難しく、鮮やかな色と不用心に組み合わせると淡い花が消えてしまう。

1〜3後掲(P.70参照)、4〜6後掲(P.78参照)

| 対決型 | 三角型 | 全相型 | 同相型 |

4　5　5　6

フラワーアレンジメントにも色相の効果は欠かせない。色相型によるテイストを無視しては、めざすイメージが表現できない。

第3章　住の配色マップ　トーンと色相型で各部屋のテイストを表す

# 色相の型で部屋らしさを表す

部屋にはそれぞれの役割があり、ふさわしいテイストがある。
例えば、リビングルームは家族だけでなく、友人も気軽に集まれる場所であり、寝室は個人だけの空間だ。それぞれの部屋にふさわしい配色が住む人の気分を落ちつかせる。

## リビング ──── 外部と内部が交流するスペース

リビングルームには家族だけではなく、時には友人も訪れる。家の中心にあり、外部と内部が交流する空間なので、内向的な性格と外向的な性格の両面をあわせもつ。このテイストを表すには微全相型がぴったりだ。

1 
明るく開放的。明るい黄色系が部屋全体を覆って癒し感を表す。一方、テーブルの上の緑色やスタンドの赤色が開放感を表す
外向

2 
重厚で開放感がある。トーンは暗めで重厚感を表し、果物の赤色と屋外の緑色が色相差を広げて開放感を表す

3
落ちついた開放感。やや暗めで、コントラストの少ないトーンが穏やかな落ちつきを表す

**配色Map**　トーンでリビングらしい活気を表す

4
✗ 彩度が低すぎる。活気がなく、沈んだ気分になる
〇 ほどよい彩度。リビングにふさわしい癒し感と活気がある
✗ 高すぎる彩度。家庭らしい安らぎ感がなく、落ちつかない 

1 for the next stage 住宅総合カタログ P.26　積水ハウス
2・3・5・7 INTERIOR　インテリア実例集 順に P.61,4,28,26 三井ホーム　4 THIS IS MISAWA 2003 P.15　MISAWA
6 Mitsui House ようこそ三井ハウスへ P.21　三井物産ハウステクノ株式会社

**色相型と各部屋の関係**

キッチンは実用性が強いので対決型が似合う。ダイニングやリビングは癒し感と開放感のほどよいバランスがふさわしいので、微全相型がもっとも落ちつく。

| | 対決 | | 開放 | | | 内向 | |
|---|---|---|---|---|---|---|---|
| キッチン | ● | | | | | × | × |
| ダイニング | × | × | ● | | | × | × |
| リビング | × | × | ● | | | × | × |

## キッチン────家事と癒しの共存する空間

キッチンは主婦の城ともいい、家事をする場所であって、かつ癒しの場でもある。すべての部屋の中で、もっとも実用性が求められる場所でもある。このため、①実用性とクリアさを表す白色、②活発さを表す純色がキッチンのキーカラーになる。

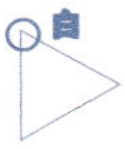

穏やかで落ちつきのある開放感。全体的に強いコントラストがなく穏やかな印象。花の赤色と緑色が開放感を、食器棚の白色が実用的なクリアさを表す

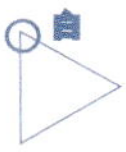

鮮やかで活動的な赤色が、元気な健康さを表す。クリアな白色とのコントラストがはっきりして、家事をする気分を表す

**配色Map  色みを保つ**

× 色みがなくなると無機質で寂しい

○ 床や壁の色みが増えると生気がでる

**配色Map  寒色は少なめに**

× 青色や緑色は食欲を抑える色

○ 少量にとどめると健康的

67

第3章 住の配色マップ　トーンと色相型で各部屋のテイストを表す

## プライベートな空間は同相型を基調にする

### 寝室――――癒し優先の穏やかな空間

寝室は休息のためのスペースであり、リビングやキッチンのような外部に対する開放感や実用性は要らない。プライベートな癒し感が大切なので、外向性を避けた、内向的な配色が落ちつく。内向型には2種の方向があり、①純内向の同相型と、②やや外向性のある微対決型がある。①の同相型はもっとも穏やかな表情を表し、②の微対決型は趣味性を表す。

1. 明濁トーンの同相型が明るく穏やかな癒し空間を表す。こげ茶色のイスと照明光による明暗対比が盛り上がりをつくる

2. 反対色の青色をアクセントにして微対決型をつくる。暖色のトーンと同じ明るさの淡い青色で穏やかな対比を表す

3. 暗いトーンを主体にしているので重厚な印象。枕の赤色や植物の緑色が色相幅を広げて、微全相型に近い開放感が出ている

4. 夜景の青色を強調した微対決型。暗色の重厚さと微対決による趣味性が共存している

1〜3・6・7 INTERIOR　インテリア実例集 順にP.41,42,41,35,48　三井ホーム　4・5 HOME CLUB P.12,3　ミサワホーム　8 GENIUS 都市物語 三階建 P.34　MISAWA

## 色相型と各部屋の関係

書斎のテイスト表現は案外難しい。開放的すぎると落ちつきがなく閉鎖的では仕事にならない。

| | 対決 | | 開放 | | | 内向 | |
|---|---|---|---|---|---|---|---|
| | × | × | × | ※ | | 寝室 | |
| | × | × | × | × | 書斎 | ※ | |

## 書斎 ───趣味性とビジネス性の共存する空間

書斎は個人用の隠れ家でもあるが、外向性をゼロにすると、活気のない沈み込んだ空間になってしまう。隠れ家らしさだけでなくほどよい外向性を加える必要がある。このテイストを表すには、内向性があり、かつ外向性もある微対決型や微全相型がふさわしい。もっとも、部屋の内装色をこの型にする必要はない。室内にある本やカレンダーなどの色みによって、この色相型になるからだ。

5

6

穏やかな開放感は机上のモニターや地球儀が微全相型にしている効果だ。窓の外に見える緑色が微全相型の一部になっている

7

重厚な微対決型。曲面の棚板や椅子の暗いトーンが穴ぐらのような落ちつきを表し、本の色が開放感を表す

### 配色Map 書斎にふさわしい色相型

全相型は開放的すぎる。落ちついて仕事に集中できない
**全相型**

8
微対決型は趣味性を表す。窓の外の青紫色が反対色
**微対決型**

窓の外の青紫色をなくしたら、閉鎖的で活発さがなくなった
**同相型**

第3章 住の配色マップ　建物のトーンが街の景観を決める

# 日本人は穏やかな明濁色のトーンを好む

街全体の景観を考えて、ふさわしいトーンを選べば共感がおきる

建物の外装色は建て主のテイスト主張である。しかし、同時に街全体の景観をつくる一要素でもある。初めて訪れた街にどんな印象をもつかは、一つひとつの建物と、街全体の景観によってつくられる。景観を意識して配色を決めると全体が調和して訪れた人が美しいと感じる。建物の配色でもっとも大切なのはトーンだ。次に色相型やアクセント色を決定する。

## 純色中心——元気な陽気さを表す

日本の住宅では純色は少数派だ。派手すぎるので景観と調和せず、目立ちすぎる。建物全体を純色にする場合は、街の景観と干渉し合わない広く独立した敷地が必要だ。一方、大型の商業施設には、元気で陽気な純色がふさわしい。

## 明色と濁色——優しい穏やかさを表す

明色が優しさを、濁色が穏やかさを表し、訪れた人を明るく爽やかな気分にさせる。しかし、日本人は控えめで穏やかな渋いトーンを好むので、少し目立つ存在になる。類似色や同相色のいわゆる2トーンが落ちつきを表し、反対色が華やかさを表す。

1・4 THIS IS MISAWA 2003 P.23,12　MISAWA　5・7 for the next stage 住宅総合カタログ 順にP.10,14　積水ハウス
2・3 世界をデザインする家 総合カタログIII 順にP.24,20　住友不動産　6 EXTERIOR 外観実例集 P.18　三井ホーム

**配色Map** 小面積のアクセント色で元気を出す

無難だが活気がない

明るく活気が出てきた

## ▷ 明るい濁色 —— 落ちついた穏やかさを表す

日本の住宅に最も多いトーンで、明るい穏やかさを表す。しかし、穏やかなので主張がなく、地味で、訪れる人を楽しくさせない欠点がある。反対色や白色などのアクセントを加えると生き生きしたイメージが生まれる。

## ▷ 暗色に近い濁色 —— 重厚な格調を表す

レンガ造りの建物は歴史を感じさせ、重厚な格調を表す。しかし、このトーンで全面を覆うと威圧的なイメージになり、街全体を暗い印象にする。左の濁色トーン以上に、反対色や白色のアクセントで活気を補う必要がある。

第3章　住の配色マップ　建物②白色を生かす

# おまけ 白色は建物をすっきりさせる

渋すぎる色やくどい色に白色を組み合わせると、クリアでさっぱりした印象にかわる

白色にはプラスの効果とマイナスの効果がある。渋い、重苦しいトーンに白色を加えると全体がすっきりしてプラスイメージにかわる。また、くどい純色に白色を組み合わせると爽やかで元気なイメージになる。しかし、白色だけの建物は白々しく、寂しい印象になるので、鮮やかな色、明るい色のアクセントが必要になる。

## 白色とほかのトーンを組み合わせると、長所が引き出される

渋く暗いトーンだけでは重苦しい
説明図

白色が加わると落ちついて、かつ爽やかな印象になる。渋さが白色によってプラスイメージにかわる
オリジナル

白色が多すぎるとクリアすぎて冷たい印象になる
説明図

渋いトーンと組み合わせると白色の壁面が爽やかな印象になり、渋いトーンの穏やかさが生きてくる
オリジナル

1 THIS IS MISAWA 2003 P.26　MISAWA　2 シャーウッド総合カタログ P.36　積水ハウス　3 EXTERIOR 外観実例集 P.22　三井ホーム　4 HEBEL HAUS THE CATALOGUE P.39　旭化成 住宅カンパニー／旭化成ホームズ株式会社　5「リフォーム」広告　住友林業ホームテック　（朝日新聞2003年1月17日掲載）　6「レジデンス・シリーズ」広告　三菱商事株式会社　（朝日新聞2003年3月17日掲載）　7「ライオンズマンション」広告　DAIKYO　（朝日新聞2003年4月10日掲載）　8「LAGUNA TOWER SHINAGAWA」広告　（朝日新聞2003年1月16日掲載）

## くどい配色が白色で爽やかになる

純色同士の配色は元気すぎて暑苦しい。一方を白色にするとクリアで爽やかなイメージになり、純色の元気さが引き立つ

説明図
純色だけ
元気でくどい

オリジナル
純色と白色
元気で爽やか

### Column　広い面積の白色にはアクセントをつくる

説明図　白色だけでは主張がなく、クリアすぎて寂しい

オリジナル　ワンポイント色が加わると生き生きしてくる

### 配色Map　住宅広告の色相表現

新聞広告に登場する住宅広告の色相表現はかなり適確だ。売り出す住宅のテイストを正確に表現している。戸建てやリフォームの広告は実用性を表す対決型を用い、リゾートマンションは趣味性を表す微対決型で表している

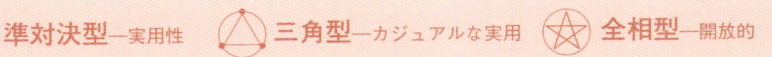

準対決型—実用性　　三角型—カジュアルな実用　　全相型—開放的　　微対決型—趣味性

対決色相でムダのない実用性を表す

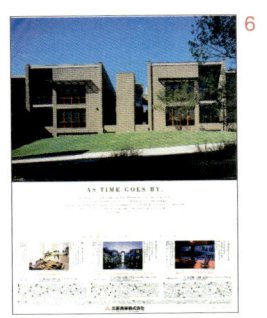

3色に絞り込み堅実な開放感を表す

大売り出しには開放的な全相型

反対色の黄色が趣味性を表す

## Column
# 入りたい店、入りたくない店

誰もが入りたいと思う店がある。好感3条件が整うと入りたくなる

店の前を通りかかった時、ふと入ってみたくなる店とはどんな店か、というテーマで2年間にわたって調査した。女子短大生約20名、2グループの集計結果を紹介する。配色とはまったく違うテーマであるが、P.10で解説する配色の好感3条件①共感、②歓迎感、③高品質、と一致しているのが興味深い。

## 条件 1. 共感　ふさわしさ

**A** 業種の表示…ひと目でわかる

- 看板、外観、イラストで表示、ラーメン店らしい色、コーヒー店らしい外観
- 緑……コーヒー店らしくない

**B** テイスト表示…客層、料金水準、個性

- （自分が好きな）テイスト、外観、インテリア、看板
- 色、形がテイストにふさわしくない

---

看板が大きく、何の店だか分かりやすい
看板をひと目で何が出される店かわかる
メガネ屋と書いてなくてもデザインでわかる
何の店だかわかりにくい
離れていても店の存在がわかりやすい
看板がネオンで読みにくい
店の名前がシンプルで覚えやすい
喫茶店かと思うような看板がイヤ

---

外観からこだわりがうかがえる
青山の雰囲気にあっていない
レトロなイメージが感じられ喫茶店の雰囲気
外観がかわいらしい
インテリアがオシャレ
看板がステキ
店員さんがオシャレ

人込みの中に開放感のある喫茶店がポンとあると休みを求めて入りたい

---

CAFEの大文字の形と色が入りたい気持ち
看板の緑の色が落ちつく雰囲気を感じさせない
配色がよくなく、洋服屋らしくない

## 条件 2. 歓迎感

**C** Welcome表示がある

- ◎照明……明るい、暖かい、電球
- ◎花、緑、木材(暖)、招き猫
- ・ウインドーのデコレーション
- ・インテリア
- ・配色　明……暗　さびしい、単調
- ・人気（ひとけ）がある

---

ライティングで楽しい雰囲気
暖かい光を出す照明が安心感を出す
照明の色によって優しい印象
明るい・電球色
店内が明るい
店全体が明るくて入りやすい
ガラス張りで中が明るそう
明るい
うす暗いイメージが強かった
照明がうす暗い
店内が暗い
暗い
雰囲気が暗い

---

※囲み内の言葉は学生の発言。重複あり

☺ オープンカフェは情報公開のもっとも進んだ形。自由に安心して参加できる

☺ サービスのテイストや品質、内容が完全に公開されている

☺ 入り口が奥まっているが、明るく清潔な小路が品質の高さと歓迎する気持ちを伝える

☺ 店内に照明を十分に取り入れて、気軽に室内の様子を公開している

☺ 格調の高いケーキ店だが、カーテンを半開きにすることによって情報公開の姿勢を表す

☺ 入り口のウェルカムボードは手仕事のテイストを表し、歓迎する気持ちを伝える

## 条件3. 高品質

**D 公開性・参加性…内部が見える**

◎メニュー、サンプル料理
◎店内の様子が見える
　窓、ドア、入り口　×カーテン

**E 品位…清潔・整頓**

・配色、形がすっきり、統一
・店の前が清潔、整頓
・看板、外観が整っている
・ごちゃごちゃしていない
・看板文字が粗雑

**F 異形性（あやしさ）がない**

・店の入り口に不似合物がある
・サンプルが道路面にある
・色や看板文字がくどい、しつこい

---

花が飾られていて見た目が美しい
建物の周りに緑など自然物が多くある
外装が木なので暖かい感じ
ウインドウがきれいに飾られている
店の看板が「珈琲」と書いてあるだけで寂しい
インテリアが楽しい
色が単調すぎる

配色・デザインがすっきりしている
色に統一感がある
屋根の色が毒々しいから
外観にまとまりがない

×マイナス

ごちゃごちゃしている
ごちゃっとした感じがある
ごちゃごちゃして見える
店の前がごちゃごちゃしている
ガラスに貼り物が多く、ゴチャゴチャ

人気（ひとけ）がある
中に人がいなさそう

すっきりと整った印象を受ける
清潔感がある
外観の見た目が清潔できれいに見える
外装が汚い
汚い
看板が古く、汚い
外観が古い感じ（汚い）

×マイナス

看板がマジックで手書き
サンプルが足元に置かれていて、汚い
入り口の側に物置きがあり、清潔感が無い
メニューや看板を飾りすぎてうるさい
看板がいくつもあって、しつこい

メニューが一目瞭然
メニュー展示が不安
お手頃な値段で見やすく表示されている
パンがおいしそうに見えるから

# ソフトな優しさは明色で表す

フラワーアレンジメントの配色にタブーはない。どんなトーンでも共感がある

花をモチーフにして、もっとも共感されるテイストは、華やかな優しさだ。しかしフラワーアレンジメントの配色で求められるテイストは幅広く、異形ともいえる配色でも共感される。タブーのないところが特徴だ。それだけにテイスト選択はシビアである。あいまいな配色では収拾がつかなくなり、混乱して何を伝えたいのかわからなくなってしまう。

## トーンで優しさ、こだわりを表す
テイスト表現を決定するのはトーン型だ。ふさわしいトーンだけが、めざすテイストを表現できる

少し渋く明るいトーンは優しさとこだわりを表す。上品で穏やかなイメージだ。このテイストはこのトーンでしか表せず、ほかの明色や純色のトーンでは表現できない

明色中心の優しくソフトなイメージ。濁色がないのでこだわり感がなく、明快でかげりのない優しさのイメージがする。花びらの後ろに見える少量の緑色がピンク色を引きしめ、華やかさを表す

1・7 ノンノ・モア ウエディング 2003年春夏号 順にP.43,45 集英社 P:KEVIN CHAN S:福田典子 F:「モア ザン ワーズ」(1),「ルールディ」(7) 2・5・8 季刊ベストフラワーアレンジメント 2003年春号 順にP.61,99,236 フォーシーズンズプレス P:Masahiko Takeda(2・8),Shigeki Matsuoka(5) F:「pem izett FOLWERS」(2),松尾太一(5),「KENNETH TURNER」(8) 3 花時間 特別編集 超ビギナーのためのフラワーアレンジ基礎レッスン 2002年3月 P.121 神保豊総監修 角川書店 P:青木健二 F:並木容子 4 パリ色のブーケ 草土出版 大高令子著 （花とみどりのキャリアBOOK2003 花メゾン 全国花のスクールガイド 2003年度版 P.136より） 6 花時間 2003年5月号 P.16 角川書店 P:山本正樹 F:塚田多恵子

暗色は威厳や時間の深さを表す

鮮やかなトーンは情熱的な元気さを表す

## トーンを暗色に近づけると格調が出る

暗色は威厳や重厚さを表すが、純色に少しだけ暗色を加えると純色のもつ元気さに、重厚さが加わり、落ちついた印象になる。

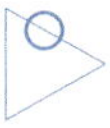

▷ 明色のトーン
優しくソフトなイメージ

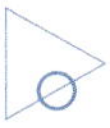

▷ かすかな暗色
落ちつきと格調のあるトーン

### 配色Map

**トーンとテイストの関係**──配色中の主な色がどのトーンに属するかによってテイストが決まる

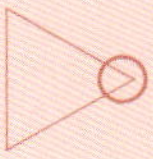

▷ **純色** 元気で積極的　　▷ **明色** 優しくソフト　　○ **濁色** 穏やかなこだわり　　▷ **暗色** 威厳、格調のある

鮮やかなトーンは活発で生き生きした印象を表す

淡いトーンにはかげりのない優しさがある

濁色は穏やかで時間が止まったような静けさを表す

暗色の花は重厚な華やかさを表す

明るい背景の中に鮮やかなトーンが加わると爽やかさを表す

明るいトーンと同系色の色相が組み合わさり優しい穏やかさがある

清潔な光あふれる白い布の背景と、渋いトーンの対比が面白い

暗色のバラ色にあわせて、葉の色も渋いトーンに抑える

第3章　住の配色マップ　フラワーアレンジメントの色相型

# 同相色が癒しを、反対色が華やかさを表す

一般的には嫌われる同相型も、フラワーアレンジメントでは有効だ

類似した色相だけで配色すると、仲間だけの世界ができる。違和感のない穏やかな癒し感に満ちたイメージになる。この色相型はそれゆえに閉鎖的であり、一般的には嫌われる。しかし、フラワーアレンジメントでは癒し感が大切なので、むしろ効果的だ。一方、離れた色相を加えると開放感が強められ、素直で華やかなイメージが生まれる。

## 反対色を加えたら華やかになり癒し感が消えた　華やかさと癒し感の完全な両立はできない

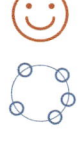

図Aの黄色とオレンジ色の類似色に対し、反対色の青色や紫色を加えると、一転して華やかなイメージにかわった。しかし、右図にあったような穏やかなテイストは消える。華やかさと癒しテイストの完全な両立は難しい

図Aは黄色とオレンジ色は類似色なので対立がなく、穏やかで優しい印象を表す。穏やかであるということは、内向的で閉鎖的でもある。トーンが華やかさを表す明色なので、ある程度の華やかさを表すが、癒し感のほうが強い

1・3〜5 花時間 2003年5月号 P.31,32,17,59　角川書店　P:小西康夫(1・3),山本正樹(4),落合里美(5)　F:竹沢紀久子(1),あんりゆき(3),塚田多恵子(4),CHAJIN(5)
2・7・9 季刊ベストフラワーアレンジメント 2003年春号 順にP.98,83,90　フォーシーズンズプレス　P:Shigeki Matsuoka　F:松尾太一(2),西田太郎(7),深野俊幸(9)　6 花時間 特別編集 超ビギナーのためのフラワーアレンジ基礎レッスン 2002年3月 P.52　神保豊総監修　角川書店　P:中野博安　F:森美保　8 フローリスト 2003年5月号 P.24　誠文堂新光社　P.日下部健史　F:秋山奈穂・白石真理　10 ノンノ・モア ウエディング 2003年春夏号 P.43　集英社　P:KEVIN CHAN　S:福田典子　F:「モア ザン ワーズ」　11 花時間 2003年5月号 P.21　角川書店　P:山本正樹　F:三村美智子

78

## かすかな反対色を加えると華やかさが表れる

反対色の青みをとると華やかさがなくなる。
器や床面にかすかな青みが加わっただけで、華やかな印象にかわった。反対色の効果だ。

説明図　近い色相だけの組み合わせは華やかさがない

オリジナル　反対色の青紫色が加わると華やかになる

**配色Map** 反対色は微量の増減でテイストが逆転する

内向的な同相型に微量の反対色を加えると、癒し感を保ちつつ、わずかに外向的になり、趣味性を表す。しかし、その量を増やすと、一気に強い対決のビジネス性を表すテイストにかわってしまう。

紫色中心の中に微量の黄色が混じっている癒しテイスト
g 微対決型
7

反対色の黄色が増えたが、まだ癒し感が強い
g 微対決型

黄色が多くなると癒し感から華やかさにかわった
a 対決型

反対色の緑色が少量なので、癒し感がある
g 微対決型
8

緑色の面積が大きくなったら対決が強まり、癒し感がなくなった
a 対決型

**配色Map** 色相型の効果

対決型　三角型　全相型　同相型

9 オレンジ色と紫色の鋭い対決が華やかさを表す

10 三角型はすっきりしてカジュアル

11 4色にすると全相型になる。わずかに1色増えただけで一段と開放的に

同じ色相同士の組み合わせは穏やかで内向的

第3章 住の配色マップ　色価の低い明色を主役にする方法

# 淡い花色を添え色で主役にする

淡い花の後ろにアクセント色を添えると主役にふさわしい強さが出てくる

淡いトーンは優しく穏やかで癒し感がある。もっとも花らしいトーンだが、優しすぎて主役になりにくい。主役には一定の強さが必要で、優しいトーンを主役にするとほかの色に目を奪われてしまい、脇役になってしまう。これを補うには添え色が有効だ。花びらの後ろに強めの色を添えると、優しいトーンの花びらの形が引きしまって、主役にふさわしい強さになる。

## 添え色で花びらを引きしめる　チューリップの花びらの周辺に緑色のアクセントを添えると引きしまる

**説明図**
右図のオリジナルにあった添え色をなくしてみた。チューリップの花びらを囲むように、後方にかすかに見えていた緑色をなくしてみると、華やかさのないピンク色のかたまりになってしまった

**オリジナル**
花びらの後ろに見える、緑色のアクセントがチューリップの淡いトーンを引きしめる。ごく小さなアクセントだが、これだけで淡いトーンのチューリップを主役にふさわしい強さにかえて、生き生きと見せる

1・2 季刊ベストフラワーアレンジメント 2003年春号 順にP.127,131　フォーシーズンズプレス　P:Noriki Kato　F:遠藤容子(1),はちだみちよ(2)　3〜6 花時間 特別編集 超ビギナーのためのフラワーアレンジ基礎レッスン 2002年3月 順にP.81,10,97,3　神保豊総監修　角川書店　P:山本正樹(3・4・6),中野博安(5)　F:三代川純子(3),熊田しのぶ(4),市村美佳子(5),神保豊(6)

## 鮮やかな色を添えると生き生きする

少量の鮮やかな色や反対色を淡いトーンの主役の脇に添えると、優しさはそのままに、生き生きしてくる。添え色は小面積なので全体のテイストは崩れない。

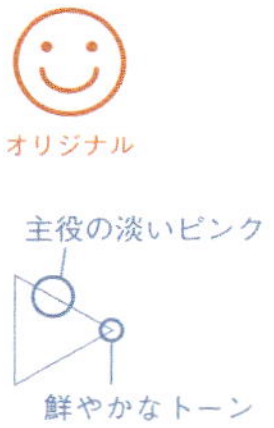

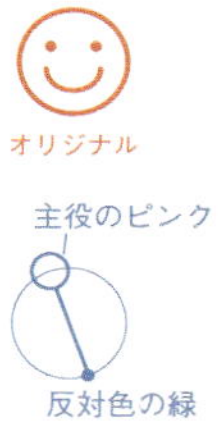

鮮やかな色を添えると淡いピンクが生きてくる

反対色の緑色を添えると淡いピンクが生きてくる

### Column　散りばめ色で活気づける

料理の盛りつけの仕上げで用いた〈散りばめ〉は、フラワーアレンジメントでも有効だ。料理と同じで、カジュアルさ自由さを表し、花を生き生きさせる。

明るい緑色の散りばめ色。紫色の2トーンカラーとピンク色を反対色の緑色で華やかに見せる

渋い緑色を背景にして、主役の明るい紫色を散りばめる。緑色は紫色の優しさを生かすために、かなり渋くする

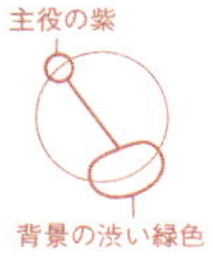

### Column　散りばめ色のトーンは強すぎない

ほどよい強さの散りばめ色は、主役を生き生きさせるが、強すぎると主役のもち味を壊してしまう。

強すぎる緑色。トーン差が強すぎて、主役の黄色のもつ優しさが壊れてしまった

緑色を弱めたが、まだ強すぎて、右図から比べると癒し感がない

ほどよい強さ。かすかに緑みを帯びた散りばめ色が、主役の黄色に変化をつける

弱すぎる。黄色と同じ色にすると、散りばめの効果がなく、華やかさがない

第3章　住の配色マップ　色価の低い白色を主役にする方法

# 可憐な白い花を散りばめ色で主役にする

鮮やかなアクセント色を添えると主役にふさわしい強さが生まれる

白い花は純白な清潔さ、可憐さを表す。このテイストはほかのどんな色でも表現できない特別な色だ。しかし、白一色では寂しい印象になって華やかさが不足するので、ほかの色を加える必要がある。また、白色はほかの色にすぐに影響されて脇役になってしまい、主役にするのが難しい。白色のバランスを崩さないよう、控えめな強さで補強することが大切だ。

## 鮮やかな色みを添えて華やかに　少量のピンクを添えただけで、白い花が主役になった

説明図　白色と黄色だけでは華やかさがなく、寂しい。緑色によって花びらが強く引き立っているが、これだけでは白色の可憐さが生きてこない

オリジナル　ピンク色を添えたら華やかになった。極小の面積なので白色のテイストは崩れず、白色の可憐さがかえって引き立った

2　めしべの黄色がアクセント

3　リボンの青色が散りばめアクセント

1 季刊ベストフラワーアレンジメント 2003年春号 P.97　フォーシーズンズプレス　P:Shigeki Matsuoka　F:立花清子　2・3 花時間 特別編集 超ビギナーのためのフラワーアレンジ基礎レッスン 2002年3月 P.82,98　神保豊総監修　角川書店　P:青木健二(2),山本正樹(3)　F:渡辺俊治(2),いとうあつこ(3)　4 婦人画報 2003年4月号 P.48・49　アシェット婦人画報社　P:松尾幹生　F:安達瞳子

**Column** 配色の完成度を高める　反対色で華やかさを表し、つなぎ色で全体をなじませる

完成度が高まると信頼感が高まる。この本では、どのように配色すれば共感が得られるかを中心に解説している。しかし、配色は共感だけでは不十分で、配色としての完成度が欠かせない。造形性の高さで定評のある作家、安達瞳子さんの配色を通して、どう完成しているのかを確かめたい。上の2図は編集部でつくった説明図。

**説明図**　主題の桜花だけに絞ってみた。淡いトーンなので、これだけでは主役にふさわしい華やかさに欠けることがわかる

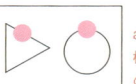

a（桜）
桜のトーンは明色なので強さが足りない

**説明図**　準反対色の鮮やかな青色を加えた。華やかさが出てきたが、対比が強すぎるので癒し感に欠ける

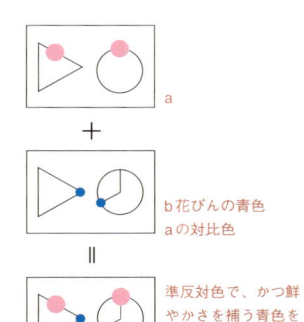

a
+
b 花びんの青色
aの対比色
=
準反対色で、かつ鮮やかさを補う青色を加えた

**実際の作品**　つなぎ色を加えると桜と青色がなじみ、癒し感が表れた。つなぎ色（なじませ色）とは、強すぎる対比色の性格を和らげてなじませる色のこと。桜色と同じ色相で、かつ青色と同じトーンの、両者に共通した性格をもつ色がつなぎ色になる

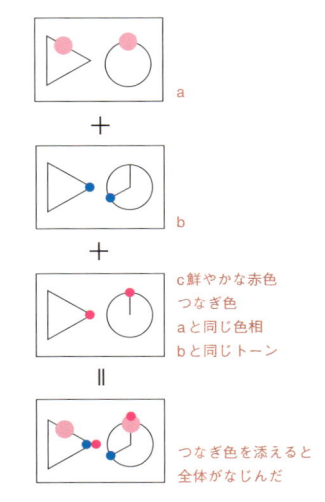

a
+
b
+
c 鮮やかな赤色
つなぎ色
aと同じ色相
bと同じトーン
=
つなぎ色を添えると全体がなじんだ

第3章　住の配色マップ　夜景のネオンは幻想的な13型トーン

# 色相型で幻想と華やかさを表す

幻想的な夜景の表情は色相型の使い分けから生まれる

夜空を彩る幻想的な花火や観覧車のネオンも配色マップにあてはめてみると、配色効果がよくわかる。真っ暗闇に浮かぶネオンのトーンは、マップで見ると13型のトーンにあたる。このトーンの表すテイストは激しいドラマチック性であり、ネオンの幻想感がここから出ていたことがわかる。これに、色相型による効果が加わり、さまざまな表情が生まれる。

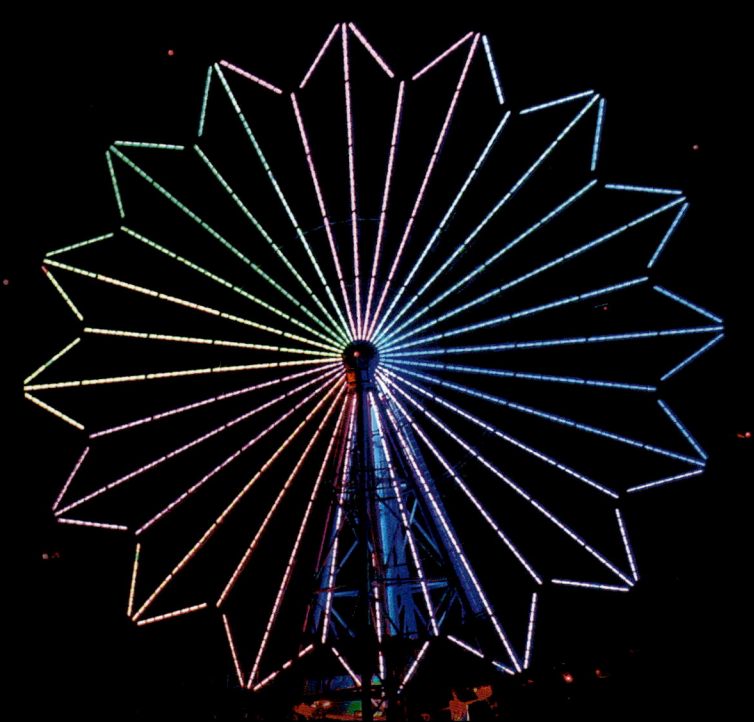

**開放的な全相型**
全相型は開放的で気軽さを表す。こだわりのない、自由な幻想感を表す

**派手で華やかな対決型**
反対色の大きな色面を対決させると、派手さが最大になる。しかし、色面を小さくすると厳しい印象になるので注意する

全相型　　対決型　　微対決型　　同相型

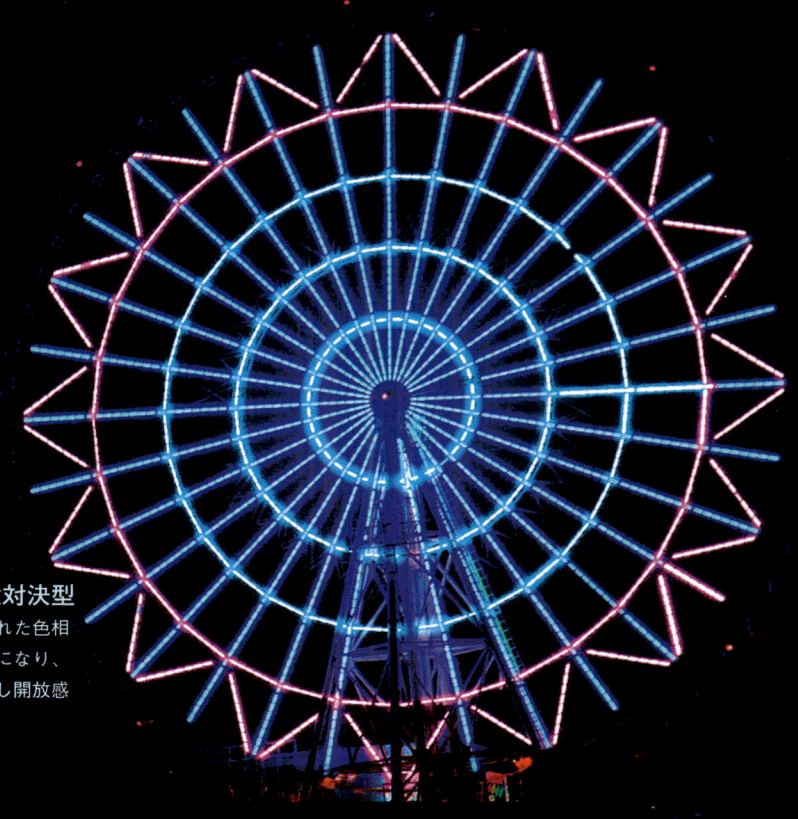

**なごみ感を表す微対決型**
同系色の中に少量の離れた色相を混ぜると、微対決型になり、癒し感をもちつつ、少し開放感のある趣味的イメージ

**穏やかで自然な類似型**
同相色に少しだけ離れた色相が加わると類似色の配色となり、穏やかな自然さが加わる

**シンプルな同相型**
同相型は内向的で閉鎖的だが、幻想的なネオンにはかえってよく似合う

**ふさわしくない配色** ネオンのもつ幻想感とミスマッチ
オレンジ色と黄色の組み合わせ
オレンジ色と黄色はもっとも日常的なテイストなので、幻想的にならない

Column

# 2世紀を生き続けるモリスの配色法

下図のスケッチは1873年にウイリアム・モリスによって描かれたものだ。このスケッチにある配色の基本型は、100年以上を経た現在も、私たちの生活を彩り、豊かな気持ちにさせている。モリスの原型とは、同系色の、いわゆる2トーンカラーを対決させることで、2トーンが癒しを表す。対決が華やかさを表し、両者が共存するバランスの取れた配色法だ。

ウィリアム・モリス（1834〜1896）
現代デザインの源泉とされるアーツ・アンド・クラフト運動の指導者。産業革命によって低下した生活用品の質を手仕事によって向上させる運動を幅広い分野で自ら実践した。

→

モリスの原型を当研究所でアレンジしたもの

「William Morris　モダンデザインの父　ウィリアム・モリス」1997年3月　内山武夫編集監修　NHK

**配色Map**　メイン色相をかえてみる

対決型はかわらないのでトーンやメイン色相がかわっても、バランスが取れている。

## 癒し×対決
## 2トーン×2トーン

同系色の配色は2トーンカラーといい、同じ色相なので穏やかで落ちつきがある。しかし、穏やかすぎて閉鎖的な欠点がある。2組の対決する色相のそれぞれの2トーンカラーを組み合わせると、穏やかさと対決という相反するものが一体となり、きわめて安定した配色が生まれる。実際には2つのトーンではなく3トーンや4トーンが用いられている。

モリスの原作

明るいトーンにかえてみた

メイン色相の位置をかえて紫色と黄緑色の対比にした

メイン色相を赤にかえてみた

暗色のトーンを中心にした。左の華やかさに対し、落ちつきのあるテイストになったが、バランスが崩れない。

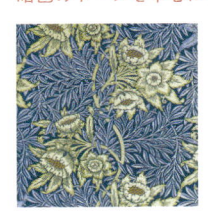

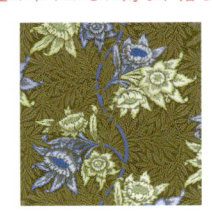

第3章 住の配色マップ Q＆A

# Q＆A・第3章を再確認する

## Q1 下図はダイニングキッチンの写真だが、どれがもっとも好感を呼ぶか
ダイニングキッチンには、暖かい開放感と、ほどよい清潔さが共感を呼ぶ。

a　b　c

## Q2 重厚なこだわり感を表す花はどれか
3図の違いはトーンの差だ。dは純色、eは暗色、fは明濁色を主体にしている。

d　e　f

## Q3 もっとも幻想的で華やかな配色はどれか
夜空に浮かぶ花火やネオンは、どんな配色でも幻想的だが、華やかさは色相型の違いから出る。

g　h　i

1・3 パナホーム総合カタログ(2003年1月)順にP.25,22　パナホーム　2 花時間 2003年5月号 P.10　角川書店　P:Tomioka Shu
F:「SIMON HARRIS LIVING」　4 前掲(P.78参照)

## Q4 標準的な日本人が好む配色はどれか

日本人は穏やかで優しいテイストを好む。この穏やかさを好む傾向は、ネクタイの配色選びなど、さまざまな場面に表れている。

j    k    l

## Q5 もっとも華やかな花束はどれか

明るく少し落ちつきのある黄色の花を3種の色相で包んでいる。華やかさは色相幅と大きく関係する。

m    n    o

## こたえと解説

### A1 こたえはa
bは白色がないのでキッチンらしい清潔感に欠ける。cは同系色だけなので開放感がなく、楽しさに欠ける。

白と明濁　微全相型　純色中心　全相型

白と明濁　同相型

### A2 こたえはe
dは純色中心なので落ちつきとは逆方向。fは明るくソフトでこだわりがあるが、重厚さはない。

純色＝元気　暗色＝重厚　濁色＝こだわり

d    e    f

### A3 こたえはg
色相差が大きいほど華やかになり、gがもっとも大きい。hやiの色相差は少ないので穏やかな印象。

準対決型　類似色型　同相型
青・紅　　　　　　　赤
g    h    i

### A4 こたえはk
jは陽気で明るい気分にさせるが、日本ではまだ一般的とはいえない。lは重苦しく保守的すぎるが、しばしば見かけられる。

明色　明濁色　暗色
j    k    l

### A5 こたえはm
色相が離れているほど外向的で、華やかさが大きい。もっとも離れているのはmで青色は黄色の反対色になる。

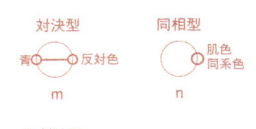

対決型　　　同相型
青・反対色　　肌色・同系色
m    n

準対決型
やや反対色
緑
o

89

# 第4章
# 伝達の配色マップ

**配色テイストの誤用は**
**商品の生命をあやうくする**

情報を発信する企業にとって、配色によるテイスト表現は生死を分ける。個人が発する情報は正確に伝わらなくても、後日の修正が可能だ。また、必ずしも全員の共感を得る必要がない。しかし、企業にとっては主観の入らない絶対多数の共感が必要だ。商品を異なるテイスト、あいまいなテイストで表すと、欲しい消費者の目にとまらない。結果的に情報が届かず、商品そのものが消滅してしまう。

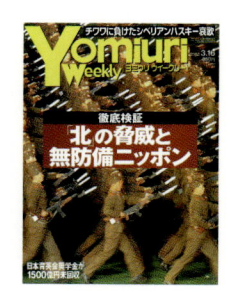

強い対決 ———————————————————————— 開放的

雑誌の色相型選択は実に正確だ。本格的ビジネス誌は対決の強い色相型で表し、読者層を広く求めるビジネス誌は拘束性の少ない全相型で広く読者にアピールする。この反対はない。

## 配色マップは5種類のスケール

1. トーン16型────純色・明色・濁色・暗色・白・黒など
2. 色相7型──────対決型・三角型・全相型・微全相など
3. 学習色────────寒色暖色など、共有しあっている色相
4. 背景色の有無──濃い背景色は内向的な気分を表す
5. 対比量────────対比が強いと力強いイメージになる

## 企業は最大公約数で表し、個人は自由に選ぶ

個人と企業の立場の違いを表すのがボディーカラーだ。企業が発信する配色では、車種ごとのふさわしいトーンを正確に表す必要がある。四輪駆動車を明るいトーンで表すと、コンパクトカーのイメージになってしまい、四駆を求める人の共感から離れてしまう。この購入層に向けては重厚でパワフルな暗色で表すことが不可欠だ。しかし、購入者は必ずしも暗色だけを購入する訳ではない。個人的主張を通して明るい黄色を選ぶことも自由だ。

1～4 後掲(P.104参照)

ボディーのトーンは車種を表す。気軽さが求められるコンパクトカーは明るいトーンで、エネルギッシュなパワフルさを求められる四輪駆動車は暗色で表す

第4章　伝達の配色マップ　トーン型で雑誌の読者層を表す

# 存続のかかったメジャー誌の表紙

高レベルな市場競争の中で、トーンの誤用は存続を危うくする

メジャー誌の配色は高レベルで、厳しい市場競争の最前線にある。情報のあふれる市場にあって、テイスト表現を誤ると読者の視線から無視され、消滅してしまう。このページでは、書店の店頭でホットな展開をしているメジャー誌を、トーンと色相型のスケールをあてて分析してみる。各誌が的確な選択をしていることがよくわかる。

## 元気な爽やかさを純色と明色で表す
元気さは純色で、爽やかさは明色で表す。暗色は力強いが華やかさに欠ける

明るい濁色は穏やかな優しさを表す。タイトルを純色にして元気さを加えると、バランスがとれる

元気で爽やか。役立つ情報がいっぱいのイメージ。しかし左の原作に比べ、優しさが少なくなった

引きしまりすぎて爽やかさに欠ける

### 配色Map　トーン型による雑誌の性格表現

▷ 純色中心──元気、積極的

純色は素直な元気さを表す。白地を効かせるとクリアな元気さを表し、全面を純色で覆うとカジュアル全開を表す

▷ 明色と純色──優しく元気

明色を主体にして配色すると優しさが強調される。白地を残すと実用性が現れる

1 オリーブ 2003年5月号　マガジンハウス　P:KANDA TAKESHI　AD:FUJIMOTO YASUSHI＋Cap　2 ナンバー 2003年3月20日号　文藝春秋　P:杉山ヒデキ　AD:番洋樹・征矢武　3 シュプール 2003年4月号　集英社　P:YOKO TAKAHASHI　AD:MASASHI FUJIMURA

## 力強さとこだわりを表す
やや鮮やかな濁色が元気さとこだわりの両面を表す。鮮やかすぎても、濁色すぎてもこのテイストは表せない

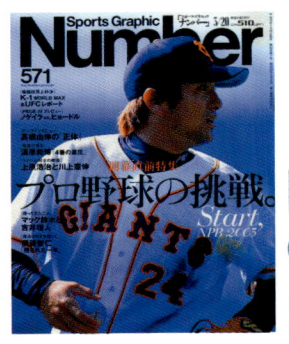

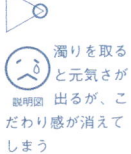

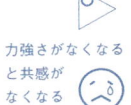

力強さと
こだわり
感は野球
のテイスト。共感
を呼ぶ

濁りを取ると元気さが出るが、こだわり感が消えてしまう

力強さがなくなると共感がなくなる

## タイトルのトーンで積極性を表す
タイトルを明色や暗色にすると、元気な積極性が消えて、役立つホットなイメージが弱まる

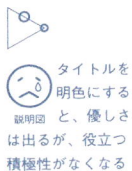

純色のタイトルは積極性を表す。華やかで役に立つイメージを表す

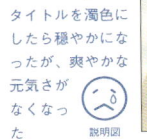

タイトルを明色にすると、優しさは出るが、役立つ積極性がなくなる

タイトルを濁色にしたら穏やかになったが、爽やかな元気さがなくなった

### 濁色を含む——こだわりと穏やかさ
明るい濁色は都会的で優しく上品なテイストを表す。濃いめの濁色はこだわり感がより強調される

### 暗色を含む——威厳、励まし、力強さ
暗色を効かせると力強さを表す。白地のクリアさと重ねるとビジネス性が強調される

第4章　伝達の配色マップ　色相型で読者層の違いを表す

# ビジネス性、趣味性を色相型で表す雑誌

## 幅広い読者層型は全相型で、専門的な役立つイメージは対決型で表す

雑誌を分野別に見ていくと、色相型が的確に用いられていることがわかる。例えば、ビジネス誌の色相は対決型のa型から始まって開放型d型まで展開するが、本格派の実用性を強調するビジネス誌はa型に、大衆的なビジネス誌はc型やd型で表す。読者はこの色相型を見て、自分が求めている内容かどうかを察知して手にとって内容に入っていく。

### 全相型でカジュアルさを表す

### 全相型で開放的なことを表し、白地でクリアさを表す

対決型にするとシャープで都会的だが開放感に欠ける

説明図

説明図

全相型なので開放的な印象がある　オリジナル

同相型は内向的でこだわり感が強すぎる

## 配色Map　色相型による雑誌の性格表現

| ビジネス性、ムダがない | | カジュアル、参加しやすい | |
|---|---|---|---|
| a 対決型 | b 準対決型 | c 三角型 | d 全相型 |

ビジネス誌

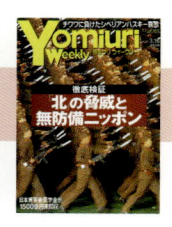

大衆誌

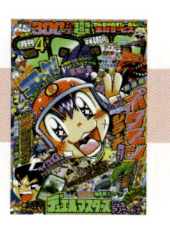

### ビジネス誌
本格派のビジネス誌は、a対決型で表す。もっとも強い対決で、ムダのないビジネステイストだ。これに対し、読者層を専門家以外の一般読者に近づけるにはカジュアルなc,d型にする。

### 大衆誌
全相型はもっとも開放的で、拘束性がない。より広い読者層を対象とする雑誌にはぴったりの色相型だ。

## 対決色相を強調してビジネス性を表す　色相の幅を広げるとカジュアルになり、ビジネス性が弱まる

赤色と青色は強い対比で、ムダのない力強さを表す

緑色を加えると3色相になり、カジュアルに近づく

同じ色相にまとめると、内向的でビジネス性からもっとも遠くなる

## 同一色相でなごみ感を表す　一方、白地を効かせてクリアで実用性のあることを暗示する

同一色相は内向的だが白地のクリアさが生きて、爽やかな、なごみ感を表す

全相型にしたら、開放的でカジュアルすぎる

対決色相は都会的でシャープだが、癒し感が弱い

| | 癒し、趣味性 | | |
|---|---|---|---|
| e 微全相型 | f 同相型 | | g 微対決型 |
| 女性誌 | | | |
| | | | |

### 女性誌
女性誌のテイストは内向型を基調にして全相型まで広がる。しかし、当然のことではあるが、ビジネス誌や大衆誌とは明確に異なるテイスト領域だ。

### 男性誌
男性誌の色相型も、女性誌とほぼ一致している。もっとも内向的な類似色相を中心に、やや外向性があり、趣味性を表す微対決型がある。一方、dancyu誌はe型の微全相型を採用して＜家庭的＞を暗示している。

第4章　伝達の配色マップ　トーンと色相型でドラマの特徴を伝える

# ドラマの性格を配色型で表現する芝居パンフ

ふさわしいテイスト表現が観客の共感を呼ぶ

劇場で上演されるドラマのテイストは実に幅広い。純色と明色中心なものから、濁色や暗色を主体とした配色で共感を呼ぶテイストまで表現は多彩だ。それだけに的確な配色型を選択しないと、観客にテイストが伝わらず、共感が得られない。的確なテイストを選択すれば、観客は入場する前から共感しあう環境に入れる。

## 純色があふれる陽気さを表す
鮮やかな純色と写真が大胆で破天荒なテイストを表し、見る前から共感をかもし出す

説明図
こだわり
おきない

派手な身振りの写真に対し、配色はセピア一色のこだわり感の強い表現だ。写真と配色のテイストが矛盾したまま、整理しないで組み合わせると双方で特徴を消しあい、あいまいなテイスト表現になってしまう。観客にはイメージがつかめないので、共感が得られない

オリジナル
元気・陽気

純色の元気あふれるトーンと、派手なアクションが重なり、陽気なテイストが素直に伝わる。一方、写真の江戸風な寄席の建物とクラシック音楽のチェロとバイオリン、派手な着物のミスマッチぶりが陽気なドラマ性を表している

1「ドタキャンするの!?」チラシ　おふぃす3〇〇　P:政川慎治　宣伝美術:杉浦裕子　2「京劇西遊記」チラシ　京劇公演事務局(楽戯舎)　3「陣内孝次郎の肖像」チラシ　ネルケプランニング　P:佐野洋之　GD:うちきばがんた　4「ゴドーを待ちながら」チラシ　Bunkamura　P:あき緒　散らし図案:ナミヘイ　5「クレイジー・フォー・ユー」チラシ　劇団四季　6「傭兵ピエール」チラシ　宝塚歌劇団　7「BLIND TOUCH」チラシ　演劇集団 円　藤井保　宣伝美術:古瀬浩司・島田陽介　8「絶対飛行機」案内ハガキ　黒テント　P:青木司　宣伝美術:平野甲賀

## 微暗色で
## ドラマチックさを表す

右の鮮やかなトーンがオリジナルの配色。鮮やかな暗色で画面全体を覆うと、力強く生き生きとしたドラマ性が表れる。渋いトーンにかえると穏やかなこだわり感になってしまい、派手な立ち回りのある劇にふさわしい生き生きしたテイストが消える。

渋いトーンは穏やかすぎて活気がない

鮮やかなトーンが活気を表す

穏やか　説明図　オリジナル　活気励まし

### Column　色相型でこだわり感と開放感を表す

2点の配色は、とても渋いトーンだが、少し印象が違う。この違いは色相型から来ている。右は同じ色相だけでまとめられているので、内向的、閉鎖的なこだわり感を表し、限定的な観客を暗示させる。一方、下図の色相は全相型である。この色相型が開放感を表し、渋いトーンは実はトリックであることを暗示している。

全相型＝開放性がメジャーさを暗示する

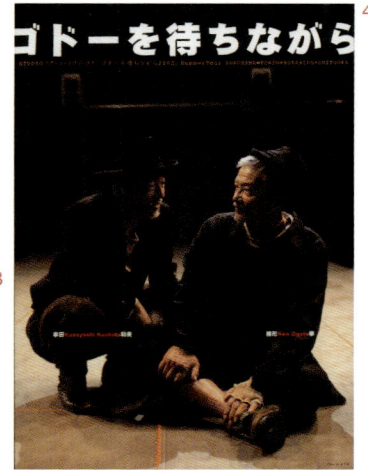

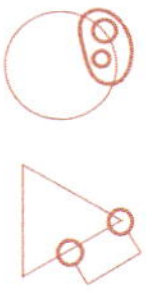

同相は内向的、閉鎖的だ。特定の観客層向けドラマであることを暗示する

### 配色Map　色相型によるテイスト表現

全相型—開放的　　微全相型—癒し感のある開放　　同相型—内向的　　微対決型—趣味性

すべての色相を含んでいるので開放感がある

赤色と黄色の類似色が癒し感を表し、青色や紫色がかすかな開放感を表す

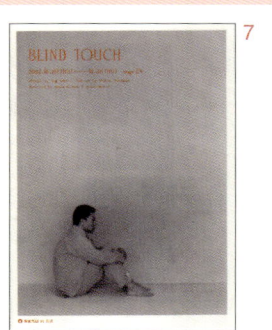

類似色だけの配色なので、異形なほど劇的だ

青色を中心にして、反対色の黄色が加わり微対決色相を表す

97

Column

# 相反したテイストを両立させる配色の完成

## こだわりと開放の両面を表す

こだわり感を最大にすると閉鎖的になり、特定の観客層に限られてしまう。反対に開放的にしすぎると、こだわり感がなさすぎてドラマ性が消えてしまう。この矛盾をトーン型と色相型の使い分けで両立させている。

説明図：暗色のトーンはドラマチックで、こだわり感が最大になるが開放感がない。大勢の観客が参加しにくい

説明図：色みを増やして全相型にすると開放感が強まりすぎ、ドラマ性が弱まる

オリジナル：ドラマ性を表す暗色のトーンと、開放感を表す全相型を組み合わせると、それぞれのマイナステイストが消えてプラスのこだわり感と開放感が両立した

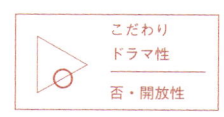

こだわり・ドラマ性／否・開放性　＋　開放性／否・ドラマ性　＝　ドラマ性＋開放感

1「阿国」チラシ　アトリエ・ダンカン　宣伝：る・ひまわり

## 伝統と華やかさを、トーンと色相型で両立させる

伝統は控えめな色使いで表し、華やかさは派手な色で表す。両者は矛盾する。伝統感をモノトーンと類似色相で、華やかさを高彩度トーンで表したら、矛盾した両者が一体になって表現できた。

説明図　鮮やかなトーンの全相型は華やかさが最大だが、伝統感とミスマッチ

説明図　赤色と黄色の類似色に絞ったが、まだ伝統感に欠ける

オリジナル　鮮やかな黄色を暗色トーンの金色にかえたら、トーンが控えめになり、落ちついてきた。これで伝統のイメージと華やかさが両立した

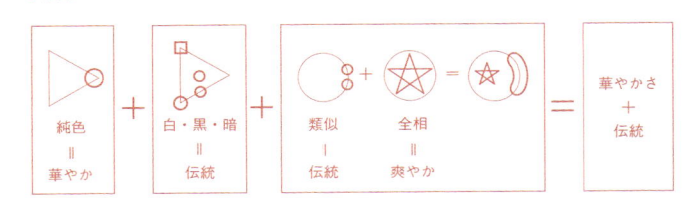

純色＝華やか ＋ 白・黒・暗＝伝統 ＋ 類似＝伝統 ＋ 全相＝爽やか ＝ 華やかさ＋伝統

2「渋谷・コクーン歌舞伎 夏祭浪花鑑」チラシ　松竹　P:荒木経惟

第4章　伝達の配色マップ　TVモニター①トーンの効果・購入層を特定する

# トーンで価格帯を表す

配色テイストを誤るとその商品を欲しい人にカタログが届かない

カタログの配色は真っ先に買いたい人の目に飛び込んでくる。詳しい説明文や価格表を読む前に、自分が探していた機種に近いか否かを、配色によって瞬時にかぎ分けてしまう。あふれる情報の中で誤ったテイスト表現をすると致命的だ。カジュアルな機種を、高級機種の配色にすると、カジュアル機種を求めている人には共感されず、無視されてしまう。

## カジュアルな機種は純色と明色で表し、高級機種は暗色を加える

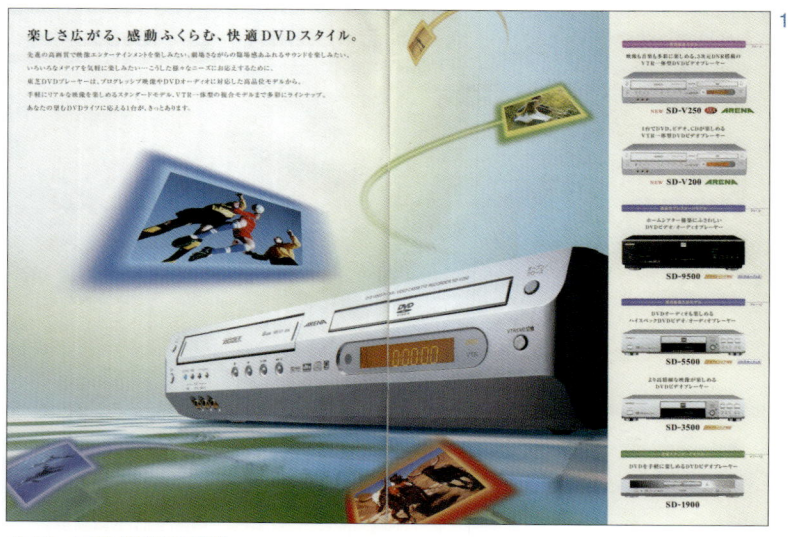

1

**カジュアル機種の配色**
純色と明色は、かげりやこだわりのない素直なトーンで開放的だ。気軽さ、カジュアルさを表すにはこのトーンが最適だ

**高級機種の配色**
暗色は威厳、濁色はこだわり感を表し、このトーンを主体にして配色すると格調の高いこだわり感が表れる。高級機種を暗色や濁色のトーンで表現すると、カタログを見た人はその商品が高級であると理解する

2

100

3 鮮やかな色が
カジュアルさを、
暗色が格調を表す

鮮やかな全相型配色は、その商品が開放的で元気な気分にさせることを表す。
一方、暗色はドラマチックで格調の高いイメージを表す。このトーンを主体にして、低価格をアピールするとイメージギャップが生まれて信頼感がなくなる。

カジュアル機種の配色

4

高級機種の配色

**Column** 図解は実用性を表す。高級機種は図解しない

商品の性格や特徴を表す時に、説明図を多用すると実用性が強調される。一方、イメージ写真で表現すると高級機種であることが暗示される。

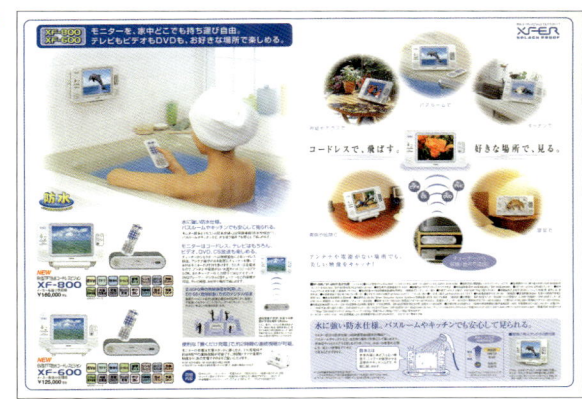

5

カタログ中に図解が加わると、合理性、実用性イメージが強調される。図の内容に関わらず、実用性を表す。しかし不適切な図を用いると、カタログを読み込んだ段階で信頼を失う

6

高級さの表現は、いわゆるイメージ写真がふさわしい。
商品を使って得られる精神的な気分を写真で表現する。
説明的な写真や図解は高級イメージを損なう

7

1 DVDプレーヤー総合カタログ P.1,2　東芝　2・5「Wooo」カタログ 順にP.13,14,11　日立製作所　3・4 ビデオデッキ総合カタログ 順に表紙,P.3　日本ビクター　6 液晶TV総合カタログ P.1・2　カシオ　7「ヴィゾン」カタログ P.1,2　三洋電機

101

第4章　伝達の配色マップ　TVモニター②色相型の効果・色相型で外向性内向性を表す

# 個人ユースと家族ユースを色相型で表す

趣味性は内向型で、ファミリー機種は微全相型で表す

色相差を小さくすると内向的になる。落ちついたテイストになり、個人的な趣味性を表す配色になる。反対にすべての色相を含む色相型は遊園地のようだ。開放感が最大となり、落ちつきがなくなる。微全相型は、内向的な同相型と全相型の中間にあたり、内向型の落ちつきに少しだけ開放感が加わり、ちょうど＜家庭的＞なテイストとなる。

## 色相幅を広げると開放的になる　全相幅を狭くして類似色だけで構成すると内向的なテイストになる

説明図
テレビ画面を鮮やかな開放的配色にし、周辺部の色相幅も拡大して全相型にした。全相型は解放的すぎるので、周辺を癒し感を表すグラデーションにして落ちつかせた。しかし、これだけでは落ちつかない

オリジナル
色相幅をせばめると、同相型に近づき、内向的で和やかなテイストになる。青紫色を主体にして、かすかにピンク色の空が見え、微対決型となっている。この型によって都会的な趣味性が表れてきた

ピンク
青紫

1～3 テレビ総合カタログ　松下電器産業　4「Wooo」カタログ　日立製作所

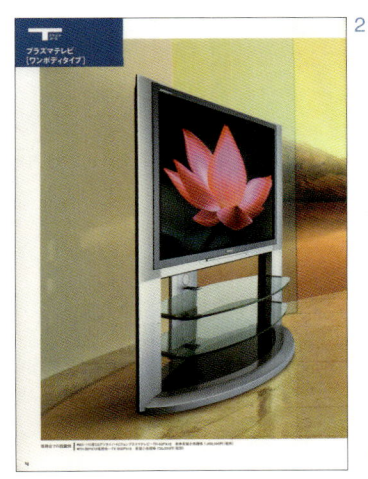

## 2 同相型は内向的すぎて テレビに似合わない

右図はほとんど同じ色相だけで構成してみた。これでは内向的すぎて、テレビを見るときの楽しさを連想させない。テレビは本来開放的な性格なので個人的ユースを強調する場合も、微対決型のような、少し開放感のある内向型がふさわしい。

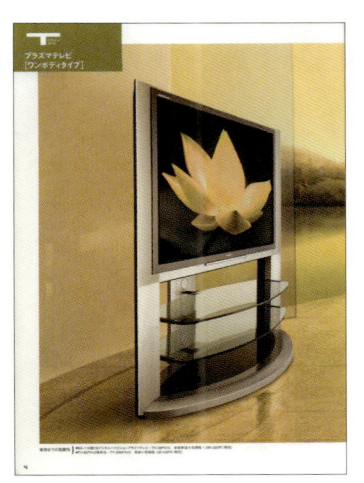

オリジナル　類似色＋対決色

説明図　同系色

色相幅が広いので開放感がある

閉鎖的すぎてテレビらしい楽しさがない

### Column　写真と配色がミスマッチでは共感がおきない

説明図：鮮やかな全相型にしたので活気と開放感が表れたが、場違いな印象で落ちつかない。写真のセッティングが静かな趣味性を表す様子なので、カジュアルな配色とのギャップが大きいためだ

オリジナル：絵柄のテイストと配色のテイストが一致した。しっとりとした色調の自然を背景にした風景と、類似色中心にまとめた内向的な配色が一致したので、違和感がなくなって自然に感じる

### Column　テレビの画面に絵柄を入れないと無口になる

説明図：テレビの絵柄をなくしてみた。画面に写真があるとカタログを見る人にとって感情が移入でき、共感が生まれる。写真がなくなると説明的な単なる＜物＞になってしまった

オリジナル：モチーフの中で、もっとも訴求力が強いものは人物、動物であり、控えめなものが風景だ。この写真では人物を避けて控えめに風景とイスや品物だけを登場させ、趣味性が高いことを暗示している

第4章　伝達の配色マップ　自動車のパワータイプをトーンで表す

# トーンでパワーのタイプを表す

車種にふさわしいトーンがあり、ユーザーはこれを借用しあう

## コンパクトカー　明色と純色　→　軽快、気軽

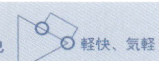

小型の乗用車は気軽さ、カジュアルさが特徴。自宅の近くを日常的に乗り回すのには便利な車種だ。
カジュアルさを表すトーンは明色から純色にかけてであり、コンパクトカーにはこういったトーンがよく似合う。

## セダン　濁色、微暗色　→　落ちついた、穏やかな

大きめな乗用車はコンパクトカーと違い、気軽さが少なくなる。自宅近くの日常的ユースよりも、長距離走に適している。乗り心地や安全性が最大限に重視され、カジュアルさよりも安心感が求められる。トーンは穏やかな濁色や、少しだけ威厳のある微暗色がよく似合う。

1・4「コルト」カタログ 順に P.25,8・27 三菱自動車　2「ライフ」カタログ P.13 ホンダ　3「ラパン」カタログ P.32 スズキ　5「カローラ」カタログ P.15 トヨタ　6・7「ティアナ」カタログ 順に P.28,50 日産　8「セリカ」カタログ P.3 トヨタ　9・10「アテンザ」カタログ 順に P.1・2,26 マツダ　11「ランドクルーザー」カタログ P.2・3 トヨタ　12「サファリ」カタログ P.20 日産　13「パジェロ」カタログ P.44 三菱自動車

自動車のパワータイプとトーンは下表の通りだが、購入する車のトーンはこの通りではない。このズレは商品のもつ特徴をよく表している。メッセージを発信する企業にとっては、確実に共感を得る必要がある。このためには最大公約数の配色で表現する。しかし、購入する個人にとっては、企業の思惑はどうでもよい。自分が好きなテイストを自由に選べばよい。そこで、コンパクトカーの色彩を明色にしないで四輪駆動車ふうな＜暗色＞を選ぶ。購入者はズレを認識しつつ、車種のイメージを利用する。

## スポーツカー　純色　▷ 鋭い、動きの速い

スポーツカーは乗り心地や操縦性よりも、スピードが命だ。このために室内の広さを犠牲にして、あの流線形が生まれた。スピードを表すトーンは純色で、元気さ、積極性、動きの速さを表す。少し濃いめの微暗色にすると、これにパワフルさが加わる。

## 四輪駆動車　暗色　▷ 重厚、力強い

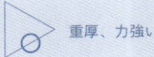

四輪駆動車は自然の力強さをイメージさせる。スポーツカーの人工的テイストに対し、四輪駆動車は自然であり、スピードに対し、トルク（牽引力）重視のイメージがある。
力強さを表すトーンは暗色であり、暗色の四輪駆動車は自然に溶け込んで一体となる。

105

第4章　伝達の配色マップ　自動車②色相型で外向、内向を表す

# ドライブの目的を色相型で表す

趣味的ユースは内向的な微対決型、ビジネスユースは対決型で表す

広告やカタログで用いる配色はドライビングの目的を的確に表すことが大切。下の①図はセダンを青色とオレンジ色の対決型で表している。ムダのない、すっきりした印象で、この車の使い方が暗示されている。家族でにぎやかに乗るのではなく、個人的な趣味だけで走るのでもなく、バランスのとれた印象だ。これは、この対決型からきている。②図はにぎやかで開放的なイメージがする。色相を全相型にかえた影響だ。カジュアルだが写真の絵柄の表すテイストとミスマッチだ。

## 対決型はムダのないビジネス性を表し、全相型はカジュアルさを表す

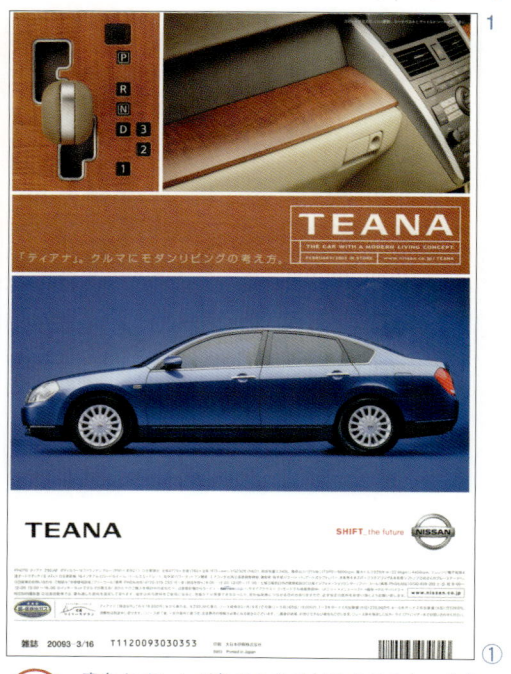

オリジナル　青色とオレンジ色の2色を対決させると、余分な要素や遊びのない、すっきりしたビジネステイストが表れる

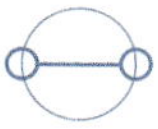

対決型

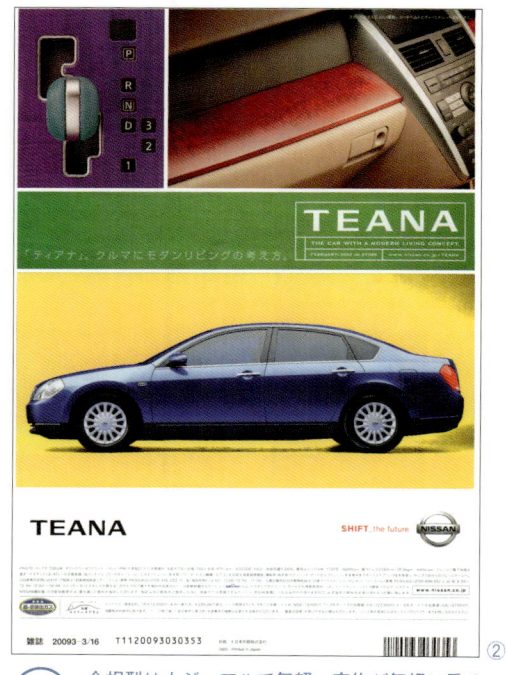

説明図　全相型はカジュアルで気軽。家族が気軽に乗る印象にかわる

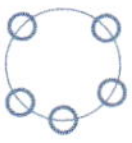

全相型

**配色Map**
色相型でユーザーを表す

**対決型—ムダのないビジネス性**

1「ティアナ」広告　日産　（ヨミウリウイークリー 2003年3月16日号 裏表紙掲載）　2「フォレスターL.L.Bean」広告　スバル　（オフロードエクスプレス 2003年4月号 P.40掲載）　3「ランドクルーザー100」広告　トヨタ　（オフロードエクスプレス 2003年4月号 P.6掲載）　4「ポロ」チラシ　フォルクスワーゲン・ファイナンス・ジャパン株式会社　5「日産マイリースプラン」広告　日産　6「ステップワゴン」広告　ホンダ　（朝日新聞2003年1月9日掲載）　7「WISH」広告　トヨタ　（メトロポリターナ 2003年3月号 裏表紙掲載）　8「ジープ・チェロキー レネゲード」広告　ダイムラー・クライスラー日本株式会社　（ニューズウィーク日本版 2003年3月12日号 P.4・5掲載）　9「マカダムT/A」広告　BFGoodrich　（オフロードエクスプレス 2003年4月号 P.22,23掲載）

## 趣味のドライビングは微対決型で表す

趣味的な目的で乗る自動車を同相色や微対決型で表すと共感が生まれる。これを、カジュアルテイストの全相型や、ビジネステイストの対決型で表すと、違和感がおきて共感が生まれない。

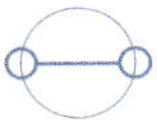

対決型

微対決型

**説明図** 赤色と青色を強く対比させると風景写真の癒し感と反対の対決テイストになり、ミスマッチになる。この車の使用目的がぼやけてしまう

**オリジナル** 下面の赤色がグレーになると、青色中心の微対決型にかわった。内向的でかつ少しだけ外に向いた趣味的なテイストになった。癒し感のある風景とマッチした

---

**Column　力強さは対決型色相で表現する**

**説明図　同相型**
同じ色相にまとめると個人的な趣味性を表し、他者を受け容れない内向的なテイストになる 

**変則対決型　オリジナル**
色相幅が広がると開放感が生まれ、この光景にふさわしい印象になる。派手な黄色と赤色の組み合わせで、色相は変則的な微対決型である。カジュアルさのある趣味テイストだ

---

**全相型**—カジュアルでファミリー

**同相型、微対決型**—趣味性の強い個人ユース

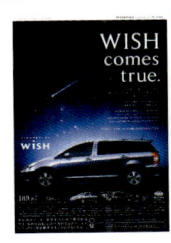

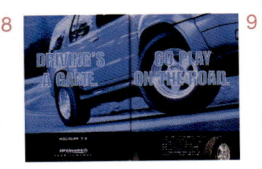

第4章　伝達の配色マップ　トーン型と色相型で商品の特徴を表す

# 一瞬で商品のテイストを伝える

トーン型と色相型を駆使して15秒で共感を獲得する

## 配色Map

### 純色の対決型
すっきりとパワフル

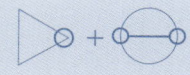

### 青色の明色の同相型
理知的メッセージ

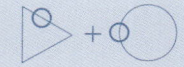

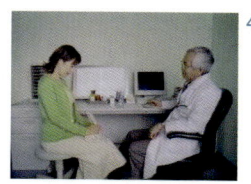

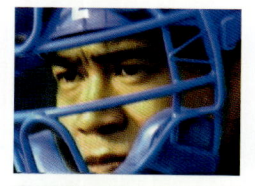

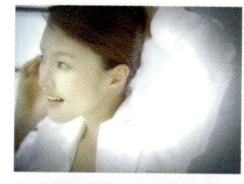

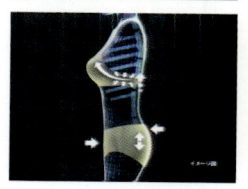

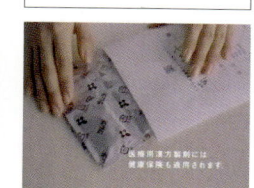

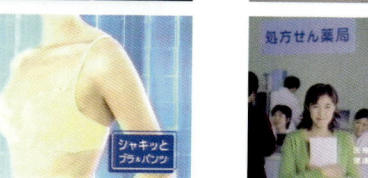

元気でパワフルなトーンと、ムダのない対決色を組み合わせると最大のパワフルな表現になる。スポーツ後の爽やかさと重ね合わせる

青色や緑色は医療を連想させる理知的でクリアな色だ。明るく、少しグレイッシュなトーンは穏やかな優しさを表し、科学的な商品が優しい気持ちにさせることを表す

1「アクエリアス」コカ・コーラボトラーズ　2「麒麟淡麗〈生〉」キリン　3「シャキッとブラ＆パンツ」ワコール　4 ツムラ
5「ゼルダの伝説」任天堂　6「Danette」ダノン　7「さらりとした梅酒」チョーヤ　8「Watering KissMint」グリコ

テレビCMの配色表現はシビアで高レベルだ。10秒、20秒の一瞬のうちに伝えきらなければならない。そのためには、ビジュアルコミュニケーションのすべての技術を総動員する。私たちがなにげなく見ているテレビCMが、配色マップのテイスト表現の視点から見ると、いかに高レベルな選択をしているかがわかる。

## 純色の全相型
カジュアルで元気いっぱい

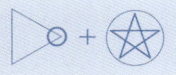

## 明色と明濁色の全相型
優しさと癒し

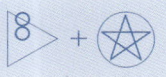

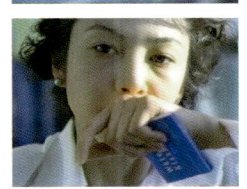

純色と、開放的な全相型の組み合わせは若者向けの商品によく似合う。純色が元気さ、積極性を表し、全相型がカジュアルなだれでも参加できる気分を表す

明色と明濁色は優しさ、穏やかさを表し、癒しを伝える。一方、色相は全相型にして、活気と開放感を加える。この商品が開放的でかつ癒しを与えるというテイストを表している

109

第4章　伝達の配色マップ　こだわり感は濁色、暗色のトーンで表す

# 一瞬で商品のテイストを伝える

**配色Map**

## 濁色の全相型
こだわりのある開放感

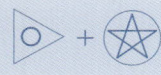

## 暗色の同相型
癒しの個人的世界

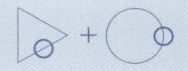

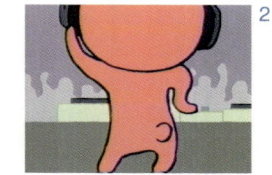

濁色を主体に配色すると、こだわり感と癒しが表れる。個性的なタッチのイラストであっても、癒しのテイストになる。内向的すぎないように、色相は全相型にして開放感を保つ

色相を同系色にしぼり、少しだけ反対色を加えると微対決型になる。趣味性の高い癒し空間になる。左は家庭教師という実用的なモチーフを癒しテイストの物語性で表している

1「新撰十六茶」アサヒ　2 NOVA　3 トライ　4「クリスピーサンドメープル」ハーゲンダッツ　5「和風チキンカツサンド」ケンタッキー　6「バーモントカレー」ハウス食品　7「メトロイドプライム」任天堂　8「カップヌードル」日清食品

現代のテレビCMに使われている配色は予想以上に幅広い。一般的に好まれる純色と明色中心のトーンに縛られず、むしろ、マイナーな濁色や暗色のトーンを大胆に生かしていることにおどろかされる。

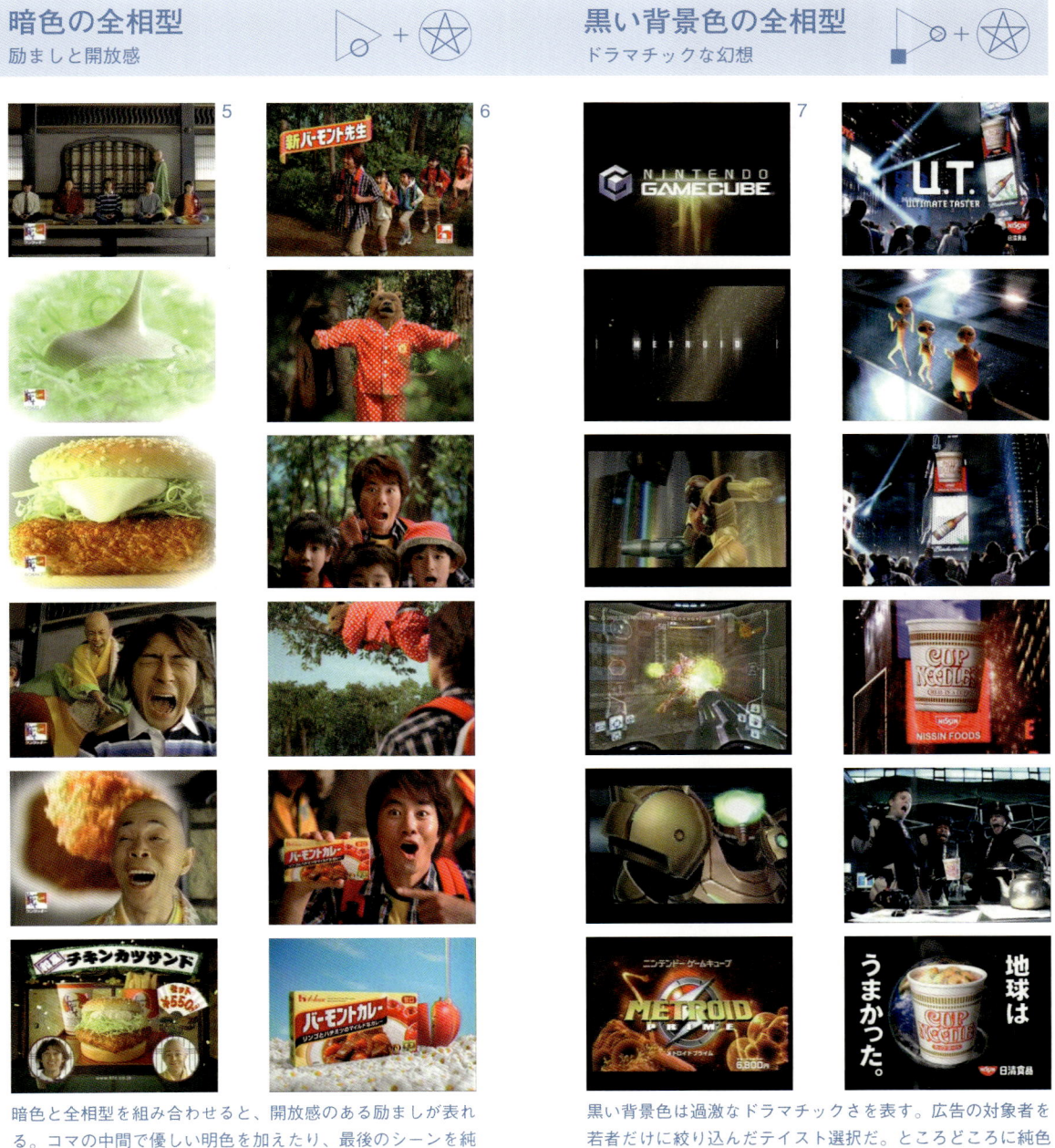

## 暗色の全相型
励ましと開放感

## 黒い背景色の全相型
ドラマチックな幻想

暗色と全相型を組み合わせると、開放感のある励ましが表れる。コマの中間で優しい明色を加えたり、最後のシーンを純色にして変化を加えている

黒い背景色は過激なドラマチックさを表す。広告の対象者を若者だけに絞り込んだテイスト選択だ。ところどころに純色や明色中心の画面を加えて自然さを保っている

第4章　伝達の配色マップ　公共表示と商業表示の違いはトーン型と色相型

# 公共配色はシンプルで明快な純色と白色

公共的な表示はシンプルな配色にして、商業表示と差別する

公共的な表示と商業的な表示は住み分けが必要だ。公共性は色数の少ないシンプルな配色で、派手な色使いをすると商業的な表示との区別がなくなり、混乱がおきる。公共性を表す色とは純色と白文字の組み合わせだ。純色は積極的、白色はクリアさを表し、私たちが公共性に求めるクリアな積極性をこの配色で表現している。公共的な表示を3色、4色と色数を増やしたり、純色以外のトーンを乱用すると、カジュアルになりすぎ、公共性がなくなる。

## 純色と白文字が公共性を表す　純色は積極性を、白色はクリアでムダがないことを表す

説明図　色相やトーンをかえると、商業表示と見分けがつかなくなる。無用なカジュアルさは混乱をまねき、不快にさせる

オリジナル　鮮やかな1色は遠くから見ただけで、交通表示であることがわかる。安心して情報を受け取れる

説明図　色数が多いと、カジュアルすぎて違和感がある。2色が限界

オリジナル　純色1色がすっきりして強さも十分

### Column

**対決型＝ビジネステイスト**

準対決型色相は、力強くシンプル。公共表示に近いテイスト

## 商業表示は幅広く自由な配色

街で見かけた英会話教室の表示を、赤1色だけの公共配色にかえてみた。すっきりしたが、カジュアルさがなくなり、これでは入りたいと思った人がためらう。色は単に目立つかどうかではなく、求めるテイストと一致するかどうかが重要だ。

説明図 / オリジナル

同一色相は開放感がない / 幅広い色相が開放感を与える

### Column

**公共的な表示色**

2色以内の白抜き文字が公共色らしい。純色以外のトーンにかえても、この原則を守ると公共性が保てる。

**商業的な表示色　対決型**

2色を対決させるとビジネス性が強調される。ムダのない強さが表示され、公共性に近い印象になる

**商業的な表示色　同相・癒し型**

色相差を少なくした同相型は癒し感が大きくなり、公共性から遠くなる。白抜き文字にしても癒し感がある

**全相型＝カジュアルテイスト**

色数が増えると開放的になり、公共性とはっきり差がつく

**同相型＝癒しテイスト**

同相型の3トーンカラーは癒し感が強いので、公共性から遠い

第4章　伝達の配色マップ　Q＆A

# Q＆A・第4章を再確認する

## Q1 こだわりのないカジュアルさを強調した広告はどれか
色相型の違いでカジュアルさやビジネス性などを表す。

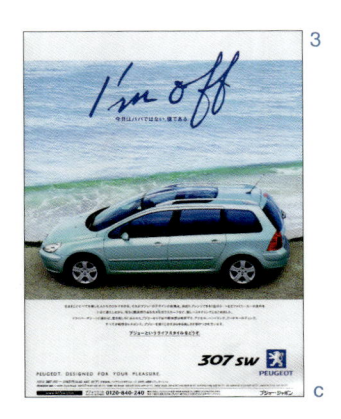

1　a
2　b
3　c

## Q2 穏やかなこだわり感を表すリーフレットはどれか
テイストを決定づけるのはトーンであり、この3点をトーンの違いから見ていくと、判断しやすい。

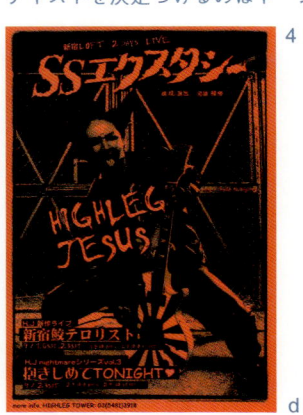

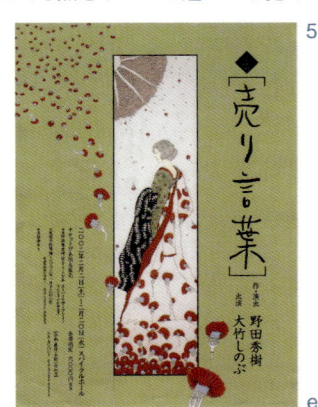

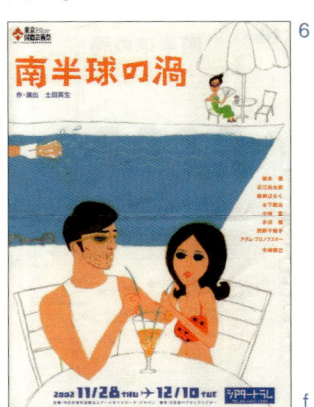

4　d
5　e
6　f

## Q3 自動車のボディーカラーで、優しさを表す配色はどれか
3点とも色相型は赤色と青色、黄色と青色の同じ準対決色だ。3点の違いはトーンの違いだ。トーンによって優しさが表れる。

g
h
i

1「ライフ」カタログ P.1・2　ホンダ　2「アテンザ」広告　マツダ　(ニューズウィーク日本版 2003年3月12日号 P.14掲載)
3「プジョー307SW」広告　プジョー・ジャポン　(ペン 2003年3月15日号 P.82掲載)　4「SSエクスタシー」案内ハガキ
HIGHLEG JESUS　5「売り言葉」チラシ　シス・カンパニー　6「南半球の渦」チラシ　アートネットワーク・ジャパン　7「指先つ
やつやジェルシート」ライオン　8「イエローラベル」リプトン　9「チョイノリ」スズキ

**Q4** 3種のテレビCMのうち、実用性をアピールしているのはどの配色か

3種の違いはトーンの差だ。jとkは明るい濁色で、lは純色を主体にしている。

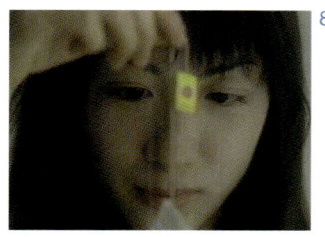

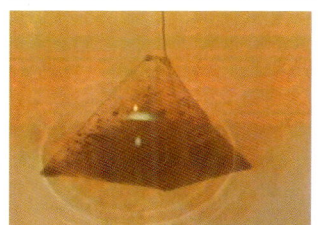

## こたえと解説

**A1** こたえはa
色相環の全体にまんべんなく色がある全相型は、こだわりのないカジュアルさを表す。bは対決型、cは同相型で、ともにこだわりを表す。

全相型　対決型　類似色相型 
a　　　b　　　c

**A2** こたえはe
dは黒色と赤色を強く対比させて激しいこだわりを表す。fはこだわりのない元気で爽やかなテイストを表す。

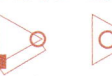

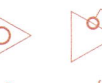

ドラマチック　こだわり　元気な爽やかさ
d　　　e　　　f

**A3** こたえはh
gとiはともに純色で元気さ、力強さを表す。hは明色で優しさを表す。

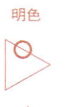

純色　明色　純色 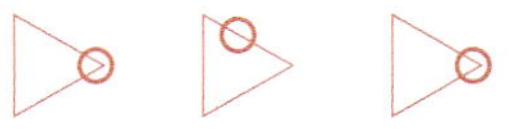
g　　h　　i

**A4** こたえはl
jとkは明濁色で、このトーンは明るい穏やかさ、癒し感を表し、実用性やビジネス性は表さない。実用性は元気ではっきりした純色が表す。

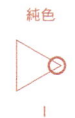

明濁色　明濁色　純色 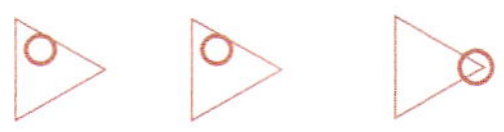
j　　　k　　　l

115

# 配色の仕上げ
主役を中心に色価を整えると、画面全体が落ちつく

## 配色を整えると、信頼感が高まる
前ページまでで、配色のふさわしさを考えてきた。これで配色の8割が解決する。次に最後の仕上げをして配色が完成し、信頼度が高まる。同じ色を使っても、使う場所や並べ方によってはまとまりのない印象になる。この章では、どうすれば、美しく整った配色になるのか、基本的な方法をマスターしよう。

## 色価を整えて、主役をはっきりさせる
美しい配色、整った配色をつくるには、さまざまな方法がある。この章では、誰でもわかりやすく効果的な方法を紹介する。それは、主役と脇役の色価を調節して両者の関係を整理することだ。この方法だけで完成度の高い配色がつくれる。
主役を明示するには、①主役の色価を高める、②主役以外を弱くして、主役をはっきり浮かび上がらせる、の両方から主役と脇役を整理する。

## 領地を広げると主役がはっきりする
また、色価をかえなくても主役の領地を広くすると主役が強くなる。主役の周辺に広く余白をとると、そこに主役の領地ができて、主役が引き立つ。

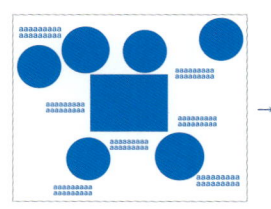

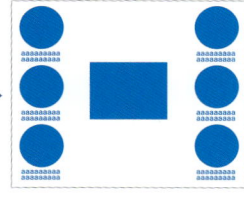

### 好感の3条件

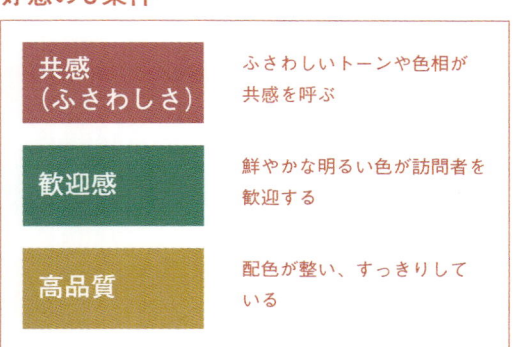

| | |
|---|---|
| 共感（ふさわしさ） | ふさわしいトーンや色相が共感を呼ぶ |
| 歓迎感 | 鮮やかな明るい色が訪問者を歓迎する |
| 高品質 | 配色が整い、すっきりしている |

領地がない → 領地が広い

## 色価とは

色の強さ、重さを色価（バルール）という。下の方法や領地の広さによって上下することができる。次ページ以降で紹介するように、色価は配色を整えるために不可欠な要素であり、使いこなすには訓練が必要だ。

|  | 低い色価 | 高い色価 | 添え色で高い色価に |

### ①鮮やかな色
鮮やかな色ほど色価が高い。ほかの色との組み合わせや背景色に関係なく、単色で高くなる

### ②明度対比の強弱
対比が強いほど色価が高くなる。白色は鮮やかさゼロだが、明度差の大きい黒色に囲まれると色価が高くなる

### ③色相対比の強弱
色相差が大きいほど強く、差が少ないほど色価が下がる

配色の仕上げ　配色の手順

# 配色の手順　めざすテイストを確実に表現するための基本的な手順

配色を始める前に、最初にテイストをはっきりさせる。これを配色マップに置きかえると、トーンや色相型が決まる。別に進めていたレイアウト上に、これらの色を写真の色とバランスをとりながら仮置きしていく。最後に仮置きした配色をチェックして、イメージどおりのテイストが表現できているかを検討する。主役と脇役がすっきりしていなければ、色価を調整する。

## ①配色型を選ぶ
写真の色も重要な色材のひとつだ。写真の色調を配色マップで決めたトーンに近づける。

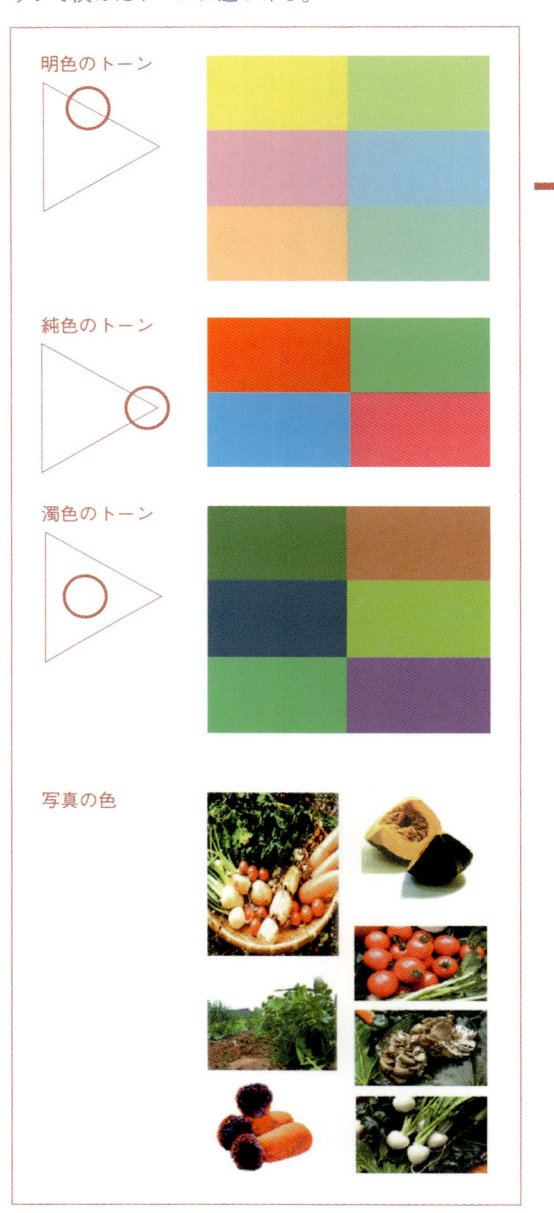

明色のトーン

純色のトーン

濁色のトーン

写真の色

## ②色を仮置きする
レイアウト原型の上から、色を仮に置いてみる。大きな面積、強い色から優先的に置く。

レイアウト原型　写真にだけは色がある

仮置きA　バラバラでまとまりがない

仮置きB　少しまとまっているが、うるさい印象がする

③配色を整える
主役がはっきりするように色価を調整する。仮置きB案を元に、色価をかえてみた。

☺ 右端の純色を明色にして、色価をかなり下げてみたら、右半分がすっきりして、全体が落ちついた。タイトルの色価は高くしないほうが落ちつくことがわかった

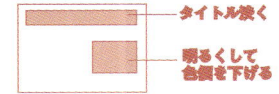

タイトル狭く
明るくして色価を下げる

☹ タイトルを鮮やかな色にして、色価を上げてみたが、かえって落ちつきがなくなった

タイトル濃く

😐 左端の写真色を明るくして色価を下げたら、少し落ちついてきたが、右端がさわがしい

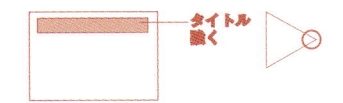

明るいトーン色価を下げる

配色の仕上げ　配色実習

# 配色実験ケースワーク

## いわさきりえさんの場合

### 実験前の作例

明色と濁色
　＝こだわり

同相型＝閉鎖的

画像が濁っているので結果的に濁色になり、重苦しい印象になってしまった

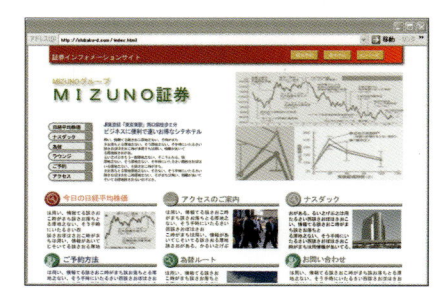

暗色

全相型

白色が大きく、色面が少ないのでそっけない、さびしい印象がする

## 尾友幸江さんの場合

### 実験前の作例

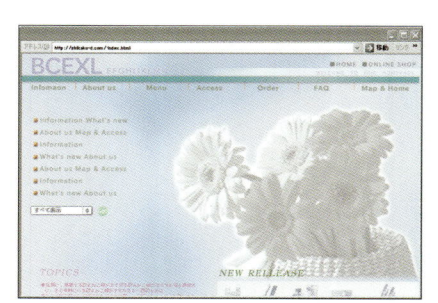

明色と灰色
　＝さびしい

準対決型
　＝きびしい

明るいトーンで優しさがあるが、寒色の青色が中心なので花屋さんらしい華やかさがない

2003年7月、中央美術学園イラスト科2年生が配色マップを使っての実験に参加した。準備期間の3日間で配色マップをつくりながら、配色の効果を確認し、次の日から総合実験を始めた。最初に配色マップとテイストの対応表（P.134）を使ってトーンや色相型を確かめたので、第1日目からいきなりすばらしい配色ができ上がった。レイアウト型と写真はあらかじめ用意したものを応用した。

## 総合実験1日目

- 純色と明色＝元気で爽やか
- 微全相型＝開放的
- めざした通りの、カジュアルで元気なレストランが表現できた。配色を始める前にテイスト変換表でチェックして、トーンと色相型が決まっていたので、最初からねらった通りのテイストが表せた。

## 総合実験3日目

- 純色中心＝積極的、強い
- 対決型＝ムダのない、役立つ
- 理知的イメージの強い青色を中心に、反対の黄色を組み合わせて、ムダのない力強さを表す

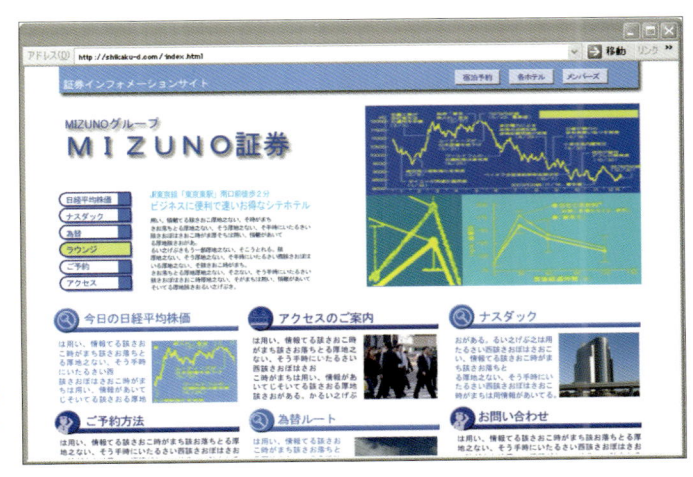

## 総合実験1日目

- 明濁色＝明色と濁色の組み合わせはソフトで優しい都会的なイメージを表す
- 微対決型＝明るい青色が開放的
- ねらい通りの、ソフトで都会的な花屋さんが表現された。テイスト対応表でチェックした結果、明濁色を主体にすることになった

配色の仕上げ　色価の調整

# 色価を整える──脇役の不要な高色価を下げる

仮置きした配色全体をチェックしてみる。なんとなくうるさく感じるところがある。あるいは主役の色価は弱くないのにすっきり見えない時がある。こういう時には、周辺にちょっとした突出して目立ちすぎる色面がある。ここの色価を下げれば、すっきりした画面になる。

## 明度差を少なくして、目立ちすぎる白色を抑える

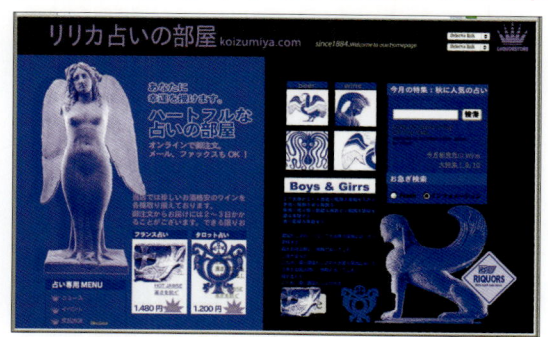

左側の白い2つの面がうるさい。しかし、これも重要な要素なので弱くできないように思えるが…

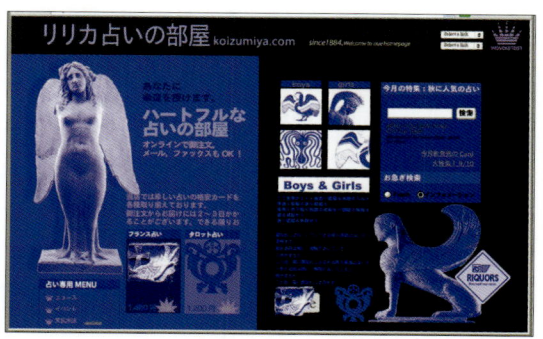

この2つの白い面を周辺と同じ調子にしてみたら、左端の女性の像がすっきり見えて画面全体も落ちついた

## 脇役の色相差を小さくして、視線が主役に流れるように

左端にある青色と黄色の色面が目立ちすぎて、主役が落ちつかない

寒色の類似色にしたら、全体のバランスはそのままで、華やかさを保ちつつ、かつ、落ちつきを出せた

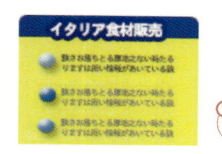

対決色は色価が高くなりすぎ、主役でないのに目立ちすぎる

暖色ではタイトル色との差が少なく、暑苦しい

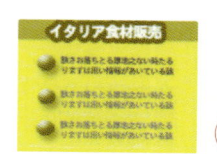

同じ色相では穏やかすぎて、華やかさがない

穏やかで華やかさがあり、主役を邪魔しない

### 主役は強く、脇役は弱く

タイトルをもっとも目立たせる、という考え方は実は誤りだ。パッケージの商品名や雑誌のタイトルは最強にするが、媒体によってはかえってマイナスになる。例えば大きく目立ちすぎる看板は元気さを表すが、高級店の表示には似合わないのと同じだ。多くの場合、主役は本文の中にある。タイトルを強くすると深みのない、内容の薄い印象になってしまう。

## 主役はタイトルでなく本文だ。本文を強くしたら、信頼できる印象にかわった

😢 タイトルが強い色ですっきりしている。しかし、これではなぜか役に立たない、つまらない内容に見える。肝心の本文ページが弱いので、情報量が不足した印象になり、役に立たない印象となる

😊 本文を強い鮮やかなトーンにして、色価を上げた。その結果、積極的で元気な印象になり、情報自体が信頼できそうな印象にかわった。主役にふさわしい色価が与えられると、見る人は安心して信頼感を高める

## タイトルの色価を下げて、メインの写真を鮮やかに強くした

😢 タイトルが鮮やかで、明るい写真との組み合わせも爽やかだ。しかし、なぜか信頼できない印象だ。これは、タイトルと本文の色価が逆転しているためだ

😊 タイトルを濁色にして色価を下げ、反対に本文の色価を上げた。主役である本文の色価が上がったので見る人の違和感が消えて、落ちついた安定した気分になる

すべてを同じ色価にすると、どこが主役かわからなくなって、かえって混乱する。主役と脇役に強弱をつけて区別すると落ちつきが生まれる。

純色　　明色　　暗色　　濁色

123

配色の仕上げ　写真の色

# 写真の色は配色の基本色

写真に含まれている色はかなり重要な役割を占める。画面の主役は写真なので、写真の色によって配色の骨組みが決まってしまうからだ。撮影の準備段階から、主役になる写真の配色計画を立てておく。

## 主役の写真には鮮やかな色がふさわしい。弱い色は主役にならない

大理石を彫った大きなこま犬をメイン写真にしたら、画面全体が弱々しくなり、緊張感がなくなった。メイン写真の色価が低いと、ほかの写真を強くすることができないので、全体が地味になってしまう

## 脇役の写真を暗くして、主役の写真を浮かび上がらせる

メイン写真は白いカップだ。背景の写真色が明るいので、カップの白さが引き立たない。主役のカップはそのままで、背景色を濃い色にして主役を引き立てる必要がある

背景色が明るいとカップの白さが引き立たない

背景の空の色を濃くしたら、カップの白さが引き立ってきた。主役のカップと、空との明暗対決が強まった結果、色価が高くなり、主役にふさわしい強さにかわった

背景色を濃くして、主役とのコントラストを強めたら、色価が高くなった

## 中央の人物写真を大きくする

中心部が細かすぎる絵柄では、主役にはならない。人物写真を大きくすれば、主役にふさわしい強さになる

😢 A 同じ大きさなので主役がない

😊 人物写真を大きくした

---

😊 メイン写真を鮮やかな朱色にした。主役がはっきりして全体に強く活気が出てきた。主役が強いのでほかの脇役のトーンも鮮やかにすることができる。トーンに制限がなくなり、自由に配色できるようになる

---

## 主役の周辺には強い色を置かない──強い色は離して置く

😢 鮮やかなトマトやニンジンが盛りだくさんの画面だが、なぜか落ちつきがない。これは主役が弱いため。左側のかごに盛られた野菜よりも右側の真っ赤なトマトが強く、主役が負けている

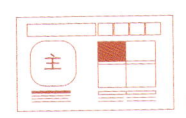

脇役なのに強すぎる

😊 主役を大きくして、脇役の鮮やかな色を遠ざけた。主役がはっきりとしてきた。遠ざけると主役の支配する領地が広くなり、広くなった分だけ相対的に色価が強くなった

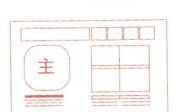

主役の近くには強い色を置かない

配色の仕上げ　クールダウン①

# 脇役群を色相型でクールダウンする・1

色相の型にも強弱がある。主役と脇役を差別化すると、主役が主役らしく、脇役が脇役らしく納まる。トーンはかえないのでテイストが大幅に変化しない。しかもすっきりと納まり、配色の仕上げに使いやすい方法だ。

## 原案

元気いっぱいだが、
落ちつきがない
鮮やかな黄色や赤色、青色が画面全体に散らばり、にぎやかで開放的だが、少々混乱気味で落ちつかない

## ③群、④群をクールダウンする

画面全体をグループ分けすると配色計画を進めやすい。この図では全体を4群に分けてクールダウンしてみた。もっとも重要な主役を①群として、もっとも色価を下げてよいタイトルを④群とした

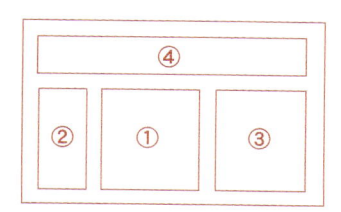

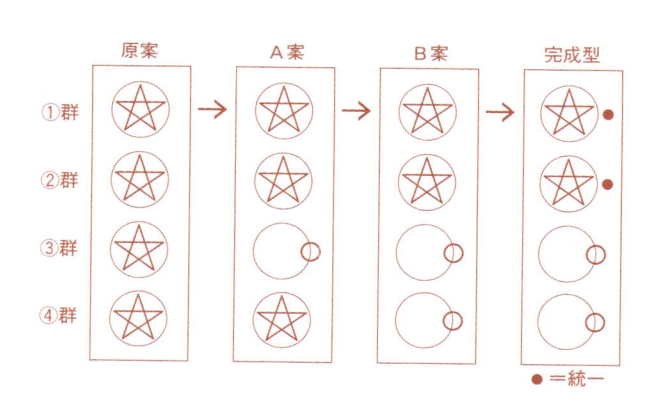

● ＝統一

## 色相型のクールダウンとは

色相型の中で、もっとも強い色価は全相型で、弱い色価は同相型だ。主役を全相型で表し、脇役を同相型にしてクールダウンすると、画面全体のテイストはかわらないのに配色が整う。主役と脇役の強弱がはっきりするからだ。

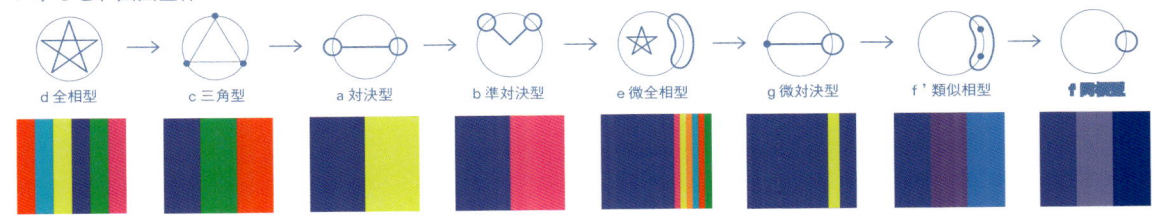

d 全相型 → c 三角型 → a 対決型 → b 準対決型 → e 微全相型 → g 微対決型 → f' 類似相型 → f 同相型

---

### 改良案

右端を同相型にクールダウン
右端やタイトル部を同相型にクールダウンした。主役と脇役がはっきり区別されて、落ちついてきた。使っている色は左図と同じなので、ほぼ同じテイストだが、すっかり整った画面にかわった

②群の赤色を少なくし、①群の緑色と青色は青色だけに統一した。③群、④群をクールダウンした結果、全体的に落ちついたので、最後に①群、②群も整理できた。

#### A案
まず③群を同相型にする。これだけでもかなり主役と脇役の関係がはっきりしてきた。次にタイトルの全相型をかえてみる

#### B案
全体に赤色が多くなったので、左端の赤色が不要になった。完成案ではここを寒色の緑色にかえて、爽やかさを補う

配色の仕上げ　クールダウン②

# 脇役群を色相型でクールダウンする・2

## 原案

### ①②群を残して、ほかの脇役③④⑤群をクールダウンする

主役の①群と準主役の②群は、円型と角型で対決している。この対決が安定した核になっているので、色相は動かさない

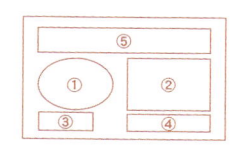

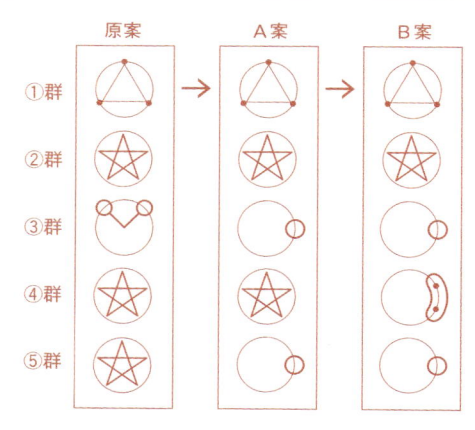

①群は2番目に強い三角型色相だが、脇役の②④⑤群がもっとも強い全相型なので少し弱い印象になっている

## 原案

### 理知的な青色を生かす

医療らしさを表す青色は、静かなテイストなので、静かさを生かして配色することが大切だ

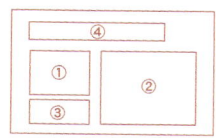

②③④をクールダウンする

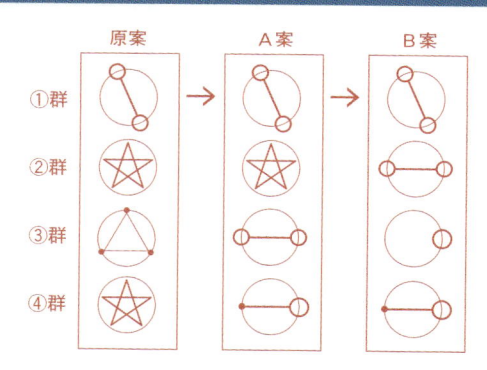

メイン写真は対決型なので、主役としては強さに欠ける。脇役のほうが目立ってしまう危険が高い。しかし、①群は主役なのでそのままにして、②③④群をクールダウンしてみる

## A案

③とタイトル⑤をそれぞれ同相にする。これだけでもかなり落ちついて、視線が自然に主役の野菜かごに導かれるようになった

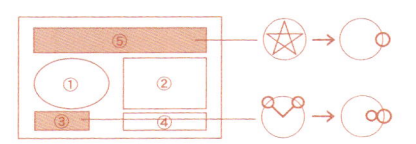

## B案

③群をタイトルと同じ緑色に統一し、④群も類似色にした。これで脇役はすっかり落ちつき、突出する色がなくなった

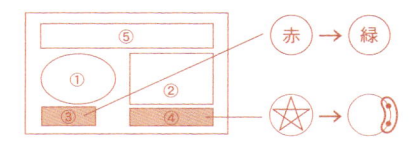

## A案

タイトル④を微対決型にクールダウンしたら、これだけでもかなり落ちついてきた

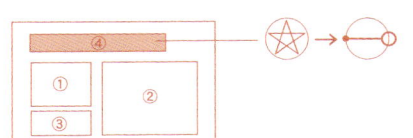

## B案

②群の全相型を対決型に、③群の三角型を同相型に下げると、視線は自然にメイン写真①に導かれるようになった

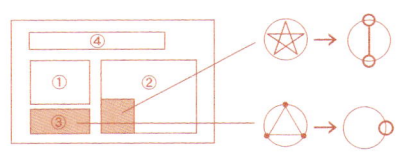

配色の仕上げ　クールダウン③

# 脇役群を色相型でクールダウンする・3

## 原案

明るくにぎやかなテイストで、楽しさが表れている。黄色のメイン①群はもっとも色価の低い同相型だ。このため、余白を広くとって色価を高めている。③④群をクールダウンしてみる

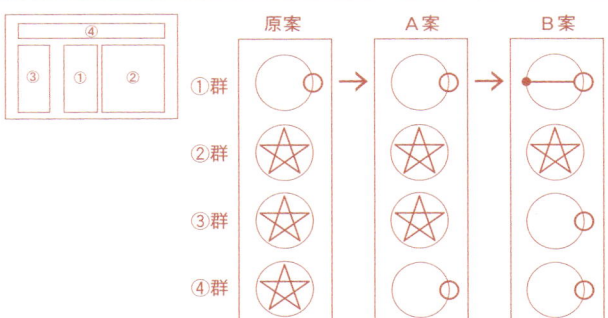

## 原案

明るく華やかな印象だが落ちつきがない。脇役の③④群をクールダウンすれば、華やかさが生きてくる

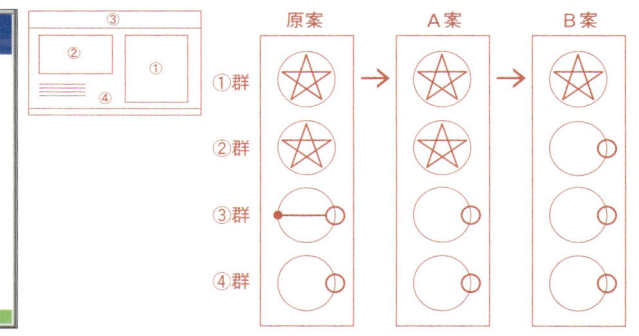

## 原案

メインの写真は鮮やかなトーンの赤色、黄色、青色、緑色の全相型で、強さが十分だ。このため、メイン①群以外のどの部分も大胆にクールダウンでき、さまざまな表情をつくり出せる

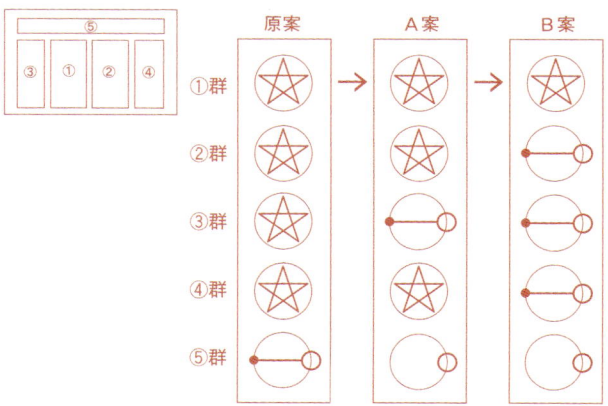

### A案

タイトル④を同相型にしただけでも、落ちつきが出てきた。タイトルは控えめなほうが落ちつくことがわかる

### B案

③群も同相にしたらもう一段階落ちついた印象になった。メイン①群の一部に、反対色の青色を加えて色価を上げた

### A案

タイトル③と、④の帯を同相にしたら、かなり落ちついた。主役を生かすためには、思い切って脇役をクールダウンする

### B案

②群も同相型にしてみたら、少しおとなしくなったが、基本テイストはかわらない

### A案

③群を微対決型、⑤群を同相型に、大幅にクールダウンした。メインの写真が強く華やかなので、テイストは大崩れしない

### B案

②④群を微対決型にして、色価を下げてみた。静かで上品に落ちついたが、華やかさが弱まった

# VCSビックスの仕組みと配色マップ

この本で紹介する配色マップは、VCS（ビジュアルコミュニケーションシステム）の1要素だ。目的通りのビジュアルデザインを完成させるためには、配色のほかに形、レイアウトや画像を配色マップと同じ方法でコントロールする必要がある。

1. 視覚伝達の成否を判定する総合的基準は好感度である。好感度は①共感、②歓迎感、③高品質の3感を統合したもので、このどれが欠けても成立しない。
2. 3感の中で、もっとも重要かつ複雑なのは①共感である。同じ形、同じ色に接したときに、国や地域、個人、状況によってまったく異なる受けとめ方になる。同じ人がある時は共感し、ある時は共感しない。
一方、②歓迎感は公開性で表現でき、③高品質は造形性を高めることによって表現できる。
3. 共感はテイストを下図のように3系列に大別することによって、コントロールしやすくなる。
4. 造形要素の中で、重要なのは、形、色、画像である。この3要素をテイストと対応してスケール化すると、共感表現が容易になる。

## VCS全体図

| 総合評価 | 3感 | デザインワーク | 造形3要素　主な造形スケール |
|---|---|---|---|
| 好感 | 1 共感<br>ふさわしさ | テイスト3系列<br>Uユースフル<br>対決＋拘束<br><br>Cカジュアル<br>開放＋外向<br><br>Sスピリット<br>内向＋拘束 | レイアウトマップ<br>　レイアウト様式<br>　情報量・版面率<br>　図文率・視覚度<br>　ジャンプ率<br>　斜水度・グリッド率<br>　版型<br><br>配色マップ<br>　トーン16型<br>　色相7型<br>　学習色・背景色の有無など<br>　対比量<br><br>画像マップ<br>　モチーフUCS表<br>　ライティング<br>　背景UCS度 |
| | 2 歓迎感<br>公開性 | ×<br>公開（少情報）<br>積極（消極） | |
| | 3 高品質<br>整い<br>異形のない | 造形完成度<br>・主役明示・領地<br>・脇役クールダウン<br>・群化・統一・そろえ | |

5. 以上の全要素を体系化すると、容易に好感度をコントロールできる。
6. このシステムを検証するため、3回の実験を行った。その結果、アマチュアであっても、かなり高レベルな制作物を、全員がつくれることが確認できた。（P.120参照）

## システム開発と公開の目的

当所は、デザインを社会の多くの人に自由に利用してほしい、と考えています。ちょうど、だれでもが自動車やコンピューター医療を自由に安心して使えるのと同じように、デザインを活用してほしいと思います。
このためには、デザインの仕組みをあきらかにし、最低限の品質を保証できる客観性のあるシステムを公開する必要がある、と考え、このVCSを公開しています。

### 配色マップは変化しつづける

現在発表している配色マップは、残念ながら最終形ではない。今後も視覚伝達を左右する新たな要因が発見できれば、反映しなければならない。使いやすさと実効性を求めてたえずバージョンアップしている。

## 配色マップ

| 総合評価 | 3感 | デザインワーク |
|---|---|---|
| 好感 | 1共感 | テイスト3系列<br>Uユースフル<br>Cカジュアル<br>Sスピリット |
|  | 2歓迎感 |  |
|  | 3高品質 |  |

## 配色マップ5種類のスケール

①トーン16型
純色、明色、濁色、暗色、白、黒の6トーンを組み合わせた16種のトーン型に大別する。これがUCSの3大テイストに対応する。

②色相7型
色相の位置関係とテイストが対応している。Uテイストのa対決型、Cテイストのd全相型、Sテイストのf同相型などがある。

③学習色
青い色を見ると寒さや冷静なイメージを連想するように、だれでも同じイメージを共有しあっている色相

④背景色の有無
白地の背景はクリアなイメージだが背景に色を敷くと、なごみ感が現れる

⑤対比量
明暗差や色相差を大きくするとコントラストが強くなり、元気ではっきりした印象となる
鮮やかなトーンの色面を増やす

# 配色マップとテイストの対応表

5種類の配色要素を組み合わせた配色マップは、さまざまなテイストと対応している。この関係を一覧表にまとめたものがここで紹介する、配色マップとテイストの対応表だ。

配色マップ見本①

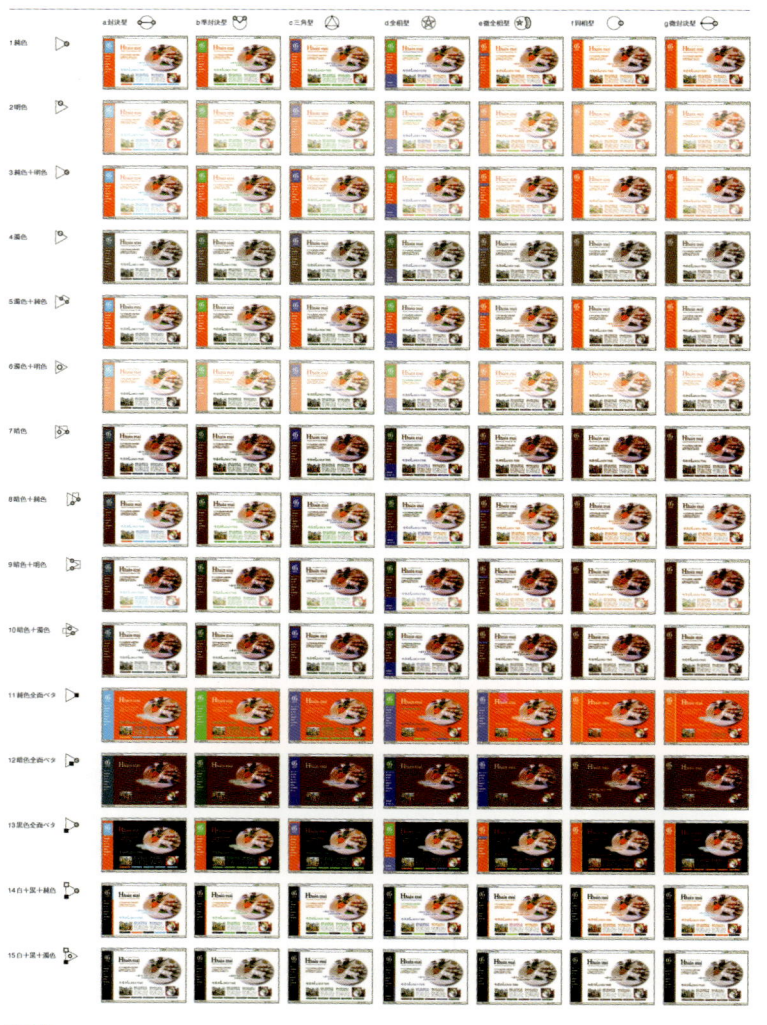

②色相型

①トーン型

＋

③学習色
④背景色の有無
⑤対比量

P.120の配色実験では、準備期間の3日間で上図とほぼ同じ形の配色マップを試作し、色相型やトーン型の効果を確認した。この後、総合実験を始め、第1日から高レベルな配色ができるようになった。
サンプルの試作にはかなりの努力が必要だが、完成させれば、配色マップを実践的に理解したことになる。

## 配色マップとテイストの対応表

| 対決（外向・拘束） U | | 開放（外向・否拘束・無対決） C | | | 内向（拘束・無対決） S | |
|---|---|---|---|---|---|---|
| ←対決・拘束→ | | ←否拘束・外向＝カジュアル→ | | | ←内向＝癒し→ | |
| 強い・派手・人工的・クリア<br>役立つ・ムダのない ✕シビア・厳しい | | 気軽・自由・自然・こだわりない<br>✕主張・個性がない | | | 仲間だけの・安らぐ<br>✕閉鎖的・排他的 | |
| ビジネス<br>a 対決型 | 準ビジネス<br>b 準対決型 | こだわり開放<br>c 三角型 | 全開放<br>d 全相型 | 微開放・家庭・仲間<br>e 微全相型 | 純内向<br>f 同相型 | 趣味<br>g 微対決型 |
| 暖寒対比 2相 7＜3 | 暖寒対比 2相 7＜3 | 3相 5＜2＋3 | 欠相なし 5相以上 | 欠相なし 全＜同相<br>2  8 | 同じ暖寒色内 | aと同型<br>2相 反対色が微量 1＜9 |

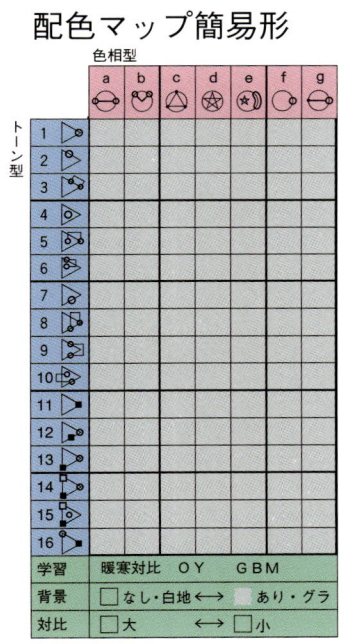

## 配色マップ簡易形

| トーン型 | 色相型 a | b | c | d | e | f | g |
|---|---|---|---|---|---|---|---|
| 1 | | | | | | | |
| 2 | | | | | | | |
| 3 | | | | | | | |
| 4 | | | | | | | |
| 5 | | | | | | | |
| 6 | | | | | | | |
| 7 | | | | | | | |
| 8 | | | | | | | |
| 9 | | | | | | | |
| 10 | | | | | | | |
| 11 | | | | | | | |
| 12 | | | | | | | |
| 13 | | | | | | | |
| 14 | | | | | | | |
| 15 | | | | | | | |
| 16 | | | | | | | |
| 学習 | 暖寒対比　OY　GBM | | | | | | |
| 背景 | □なし・白地 ←→ ■あり・グラ | | | | | | |
| 対比 | □大 ←→ □小 | | | | | | |

| グループ | | | | 代表語 | | ✕マイナス |
|---|---|---|---|---|---|---|
| 純色＋明色<br>CSU<br>✕深みがない | 明朗<br>素直<br>こだわりない | 1 | 純 | 元気 | 活力　強い　積極的　情熱　にぎやか | ・うるさい |
| | | 2 | 明 | 優しい | ソフト　明るい | ・弱々しい<br>・冷たい |
| | | 3 | 純＋明 | 爽やか | 洗練　理知　楽しい　こだわりない　明るい | ・深みがない |
| 濁色<br>S<br>✕役立たない | 穏やか<br>こだわり<br>かげり<br>趣味 | 4 | 濁 | こだわり | （落ちつき　渋い） | ※消極的<br>こだわり |
| | | 5 | 純＋濁 | 大人 | 穏やかな活力　ゆとり | ・消極的 |
| | | 6 | 明濁 | ソフト | 優しい落ちつき　都会的　上品 | ・弱々しい<br>・クール |
| 暗色<br>U<br>✕冷厳 | 威厳<br>重厚<br>励まし<br>伝統<br>信用 | 7 | 暗 | 重威 | （重厚な威厳　励まし） | ※威圧 |
| | | 8 | 純＋暗 | 活威 | 活力ある威厳　励まし　豪華 | ・威圧 |
| | | 9 | 明＋暗 | 高級 | 格調ある華やかさ　都会的 | ・クール |
| | | 10 | 濁＋暗 | 穏威 | 穏やかな威厳　安定　上品　しっとり | ・消極的 |
| 背景全色面<br>S<br>✕異形 | 劇的<br>幻想<br>否日常の | 11 | 純 | 透明 | 透明な異空間　詩的　ライブハウス | ・くどい |
| | | 12 | 暗 | 重劇 | 重厚　劇的空間　励まし | ・異形 |
| | | 13 | 黒 | 激劇 | 激しい劇的　劇的趣味 | ・最も異形 |
| B＆W | 抑制<br>クリア<br>ムダのない<br>スリム<br>✕事務的 | 14 | BW＋純 | ビジネス | ムダのない活気　すっきり強い | ・クリア |
| | | 15 | BW＋濁 | 和風 | 地味　こだわりの強い | ・つまらない<br>・遊びがない |
| | | 16 | 純＋白 | 公共 | シンプルな活気 | ・そっけない |

| 学習色 | 支配色相 寒色 暖色<br>理性 暖かい<br>ビジネス 食<br>クール冷 なごみ | OY 陽気・カジュアル<br>活力<br>✕日常・平凡 | 野生・自然<br>大地<br>G | M 女性・華やか<br>B O 都会的・ロマン<br>X G |
|---|---|---|---|---|
| 背景色・有無 | なし＝白地　U・C　クリア・実用・開放・気軽・外向 | あり＝グラデーション<br>2トーン・壁紙　S　癒し・なごみ・閉鎖・内向・こだわり・趣味 | | |
| 対比量・大小 | 大 5.4　U・C　強い・元気<br>ダイナミック・男性的　✕うるさい<br>下品 | 小 1.2 カマイユ　S　優しい・上品・女性　✕弱々しい・にぶい<br>動きがない・重苦しい | | |

配色マップ変換表　配色マップ見本①

# 配色マップ見本①

|  | a 対決型 | b 準対決型 | c 三角型 |

1 純色

2 明色

3 純色＋明色

4 濁色

5 濁色＋純色

6 濁色＋明色

7 暗色

d 全相型　☆　　　e 微全相型　☽　　　f 同相型　◯　　　g 微対決型　◯—◯

配色マップ変換表　配色マップ見本②

a 対決型　　　　　b 準対決型　　　　　c 三角型

8 暗色＋純色

9 暗色＋明色

10 暗色＋濁色

11 純色全面ベタ

12 暗色全面ベタ

13 黒色全面ベタ

14 白＋黒＋純色

15 白＋黒＋濁色

d 全相型　　　　　e 微全相型　　　　　f 同相型　　　　　g 微対決型

139

配色マップ変換表　配色マップ見本③

141

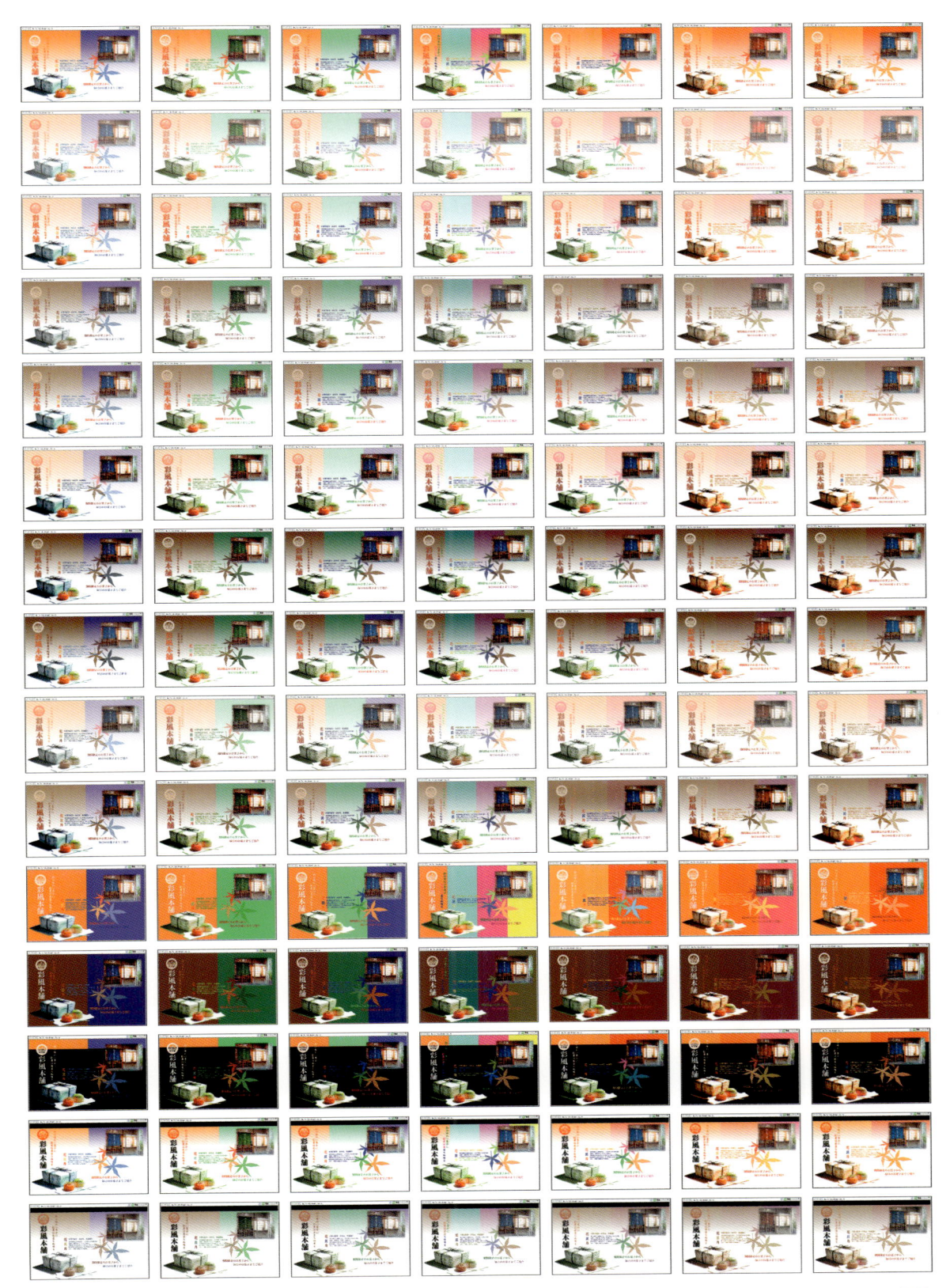

■ 編集後記

デザインをだれでも自由に使えるしくみをつくりたい、と考えつづけ、VCS（ビックス・ビジュアル コミュニケーション システム）が完成した。3回の実験で完成が確かめられ、ほっとしている。
この本はその一部で、配色についてのシステムです。
25年前に発表したVCSの概念が、最近になってようやく普及してきた。先日、ヤフーで検索したら、版面率やジャンプ率、図文率の中には500件前後ヒットする用語があり、開発者としてうれしい。中には、東京高裁での判決基準に採用されているケースもあった。
今後も、より使いやすいVCSに改造するため、多くの助言や批判をいただきたい。

（内田広由紀）

日頃、なにげなく使っている「配色」という言葉を今回しっかりと嚙みしめました。この本で紹介した作品はどれも、お客さんは誰なのかということがはっきりとわかった上で、調和や対比といったさまざまなテクニックを駆使して配色してあり、そのレベルの高さにうなりました。感性と個性の自分の世界だけで作った物は、自分と趣味の合う人にしか伝わらない。誰かに伝えたいメッセージがある時には、色の持つテイストを意識して選んで、置いて、調整する。そうして色は雄弁に効果的に語りだすのです。

（池上 薫）

撮影／編集部

■ 出典明示のお願い

当書の引用を歓迎しますが、出典の明示をお願いします。

当所で開発・発表してきた、
視覚伝達を解くための概念とキーワード
1979.12 『レイアウトハンドブック』
版面率・ジャンプ率、など

1998.10 『レイアウト基礎講座』
版面率・ジャンプ率・グリッド拘束率、など

2003.10 『配色共感マップ』
色相7型・トーン16型

---

### 配色共感マップ

| | |
|---|---|
| 発　行 | 平成15年（2003）10月20日　第1版 |
| 著　者 | 内田広由紀 |
| 編集人 | 望飴杜子 |
| 発行人 | 内田広由紀 |
| 発行所 | 株式会社視覚デザイン研究所 |
| | 〒101-0051 |
| | 東京都千代田区神田神保町1-36吉野ビル |
| | ＴＥＬ 03-5280-1112（代）ＦＡＸ 03-5280-1069 |
| | 振替／00120-0-39478 |
| 協　力 | 光村印刷株式会社 |
| 製　本 | 株式会社難波製本 |
| スタッフ | 池上 薫　上田亜紀　魚穴安日　國末拓史 |
| | 坂井聡一郎　曽我隆一　藤田 緑　柳田寛之 |

ISBN4-88108-173-X C2370

# デザイン シリーズ

## 7日間でマスターする 配色基礎講座
視覚デザイン研究所 編　B5　144P　定価(本体2500円＋税)

美しい配色には理由がある。その原理と方法を押さえれば、誰にでも思い通りの配色ができる。配色の正体を解析し、Q＆Aでポイントも確認できる、配色センスアップに役立つ一冊。

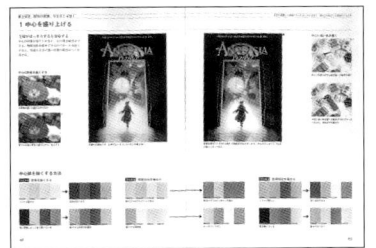

## 配色基礎講座 カラーチャート1368
視覚デザイン研究所 編　B5変型　127P　1368色
定価(本体2500円＋税)

1368色票が使いやすいブックタイプに収まっている。62段階のトーン区分は使いやすく配列も合理的なので、調和する色がすぐ見つかる。配色が決まれば、そのまま色票を貼って色指定完了。

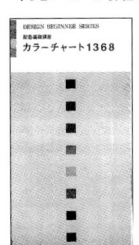

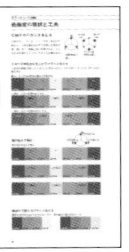

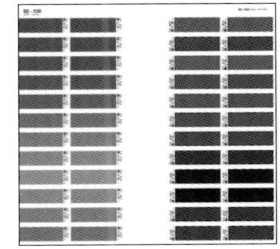

## 7日間でマスターする レイアウト基礎講座
視覚デザイン研究所 編　B5　144P　定価(本体1800円＋税)

レイアウトはセンスでやるものと思われがちだが、実は誰にでもできる。目的に合ったレイアウト様式を選んで、あとは形を整えるだけ。その方法を、図を通し詳しく説明する。

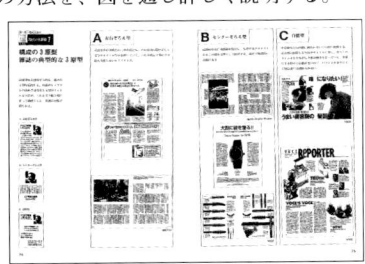

## わかりやすくて効果的 Webデザイン基礎講座
視覚デザイン研究所 編　B5　144P　定価(本体2500円＋税)

ホームページを作りたいけど、どうしたら楽しく見やすい画面になるのだろう…。そんな素朴な疑問をわかりやすく解決。最後には、高レベルで美しいWebデザインにまで導きます。

## 配色ノート
視覚デザイン研究所 編　B5　160P　定価(本体3400円＋税)

配色の基本から高度で実用的な原則までを、豊富な具体例でわかりやすく解説。色彩専門家の知識を結集した配色サンプルは、そのまま色指定に転用自在。配色サンプル450組。

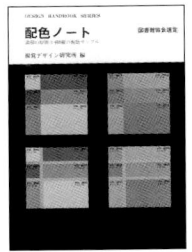

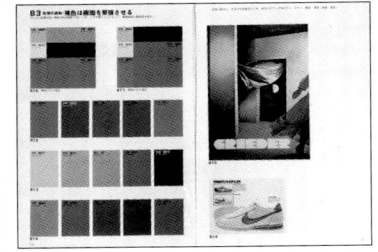

日本図書館協会選定図書

## 配色イメージコレクション
＜タイプ別＞好感度カラーのデータ付き
視覚デザイン研究所 編　A5　144P　定価(本体1550円＋税)

イメージトーンは配色ルールの基本。美しい配色サンプル約1000組をトーン別に並べ、身近な具体例でその効果をわかりやすく解説。年代別の好感度色と色指定用データ付き。

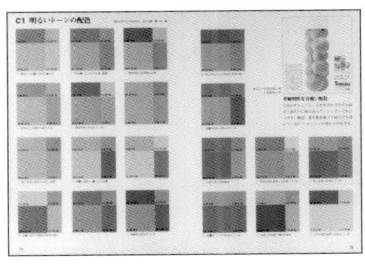

## デザイン シリーズ

### Webデザイン好感度調査報告

内田広由紀 著　B5　144P　定価(本体2500円＋税)

Webデザインの好き嫌いを決める最大の要因は「テイスト」。情報にふさわしいテイストを選ばない限りデザインは正しく機能しない。好感度調査の結果をデザインの点から分析し、Webページの好感度をさらに上げる方法を解説します。

### 好感度を確実に上げる Webデザイン初級講座

内田広由紀 著　B5　144P　定価(本体2500円＋税)

あなたのホームページは訪問者の気持ちを考えてデザインされていますか？　訪問者の好感度が上がるホームページ作りを、6つのキーワードをカギに、よりわかりやすく解説。

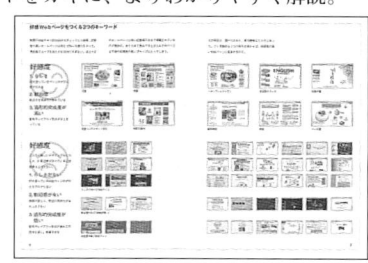

### Web DESIGN 配色サンプル for Web safe color

内田広由紀 著　B5　144P　定価(本体2300円＋税)

ホームページの画面は配色でイメージが変わります。本書に掲載された豊富な配色サンプル、視覚式色番を参考にすれば、イメージ通りの配色が簡単に選べます。(配色はHTMLに対応)

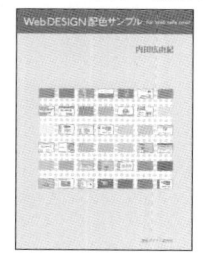

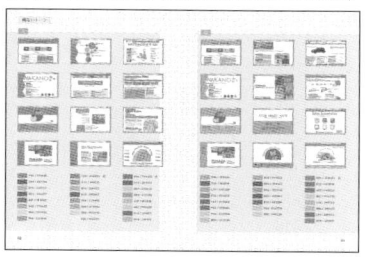

### Web DESIGN レイアウトサンプル

内田広由紀 著　B5　144P　定価(本体2300円＋税)

ホームページのレイアウトは、訪問者の気持ちにピッタリとあったものではなくては。924のレイアウトサンプルを利用すれば、イメージにピッタリのレイアウトを選ぶことができます。

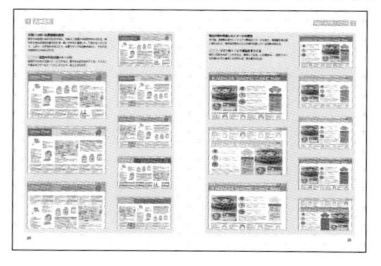

### Web DESIGN ベストコレクション1000

視覚デザイン研究所 編　B5　224P　定価(本体3000円＋税)

100業種別に代表的な表現1000点余を一覧できるように配置。業種ごとに最適な配色、レイアウト様式を実例と図解で解説。ベストセラー「Webデザイン基礎講座」の100業種実践編。

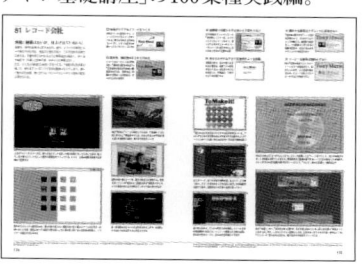

### Webデザインのための デジカメ基礎講座

内田広由紀 著　A5　160P　定価(本体1600円＋税)

Web上でどんな画像が共感を得るのかをキーワードに、テクニックとイメージの2方向からデジカメの撮影方法を解説。商品撮影から、人物、風景などを素敵に撮るコツまで教えます。

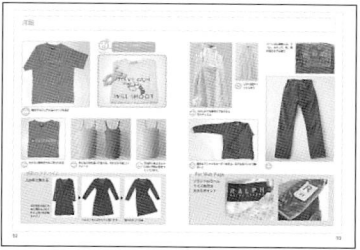